ACEITA QUE DÓI MENOS

PADRE ALESSANDRO CAMPOS

ACEITA QUE DÓI MENOS

principium

Copyright da presente edição © 2021 by Editora Globo S.A.
Copyright © 2021 by Padre Alessandro Campos

Todos os direitos reservados.
Nenhuma parte desta edição pode ser utilizada ou reproduzida — em qualquer meio ou forma, seja mecânico ou eletrônico, fotocópia, gravação etc. — nem apropriada ou estocada em sistema de banco de dados sem a expressa autorização da editora.

Texto fixado conforme as regras do Novo Acordo Ortográfico da Língua Portuguesa (Decreto Legislativo no 54, de 1995).

Editor responsável: Guilherme Samora
Editora assistente: Gabriele Fernandes
Preparação: Ariadne Martins
Revisão: Adriana Moreira Pedro e Patricia Calheiros
Foto de capa: Cauê Moreno
Design de capa: Guilherme Francini
Projeto gráfico e diagramação: Douglas K. Watanabe

CIP-Brasil. Catalogação na publicação
Sindicato Nacional dos Editores de Livros, RJ

Campos, Alessandro,
    Aceita que dói menos / Alessandro Campos. — 1ª ed. — Rio de Janeiro: Principium, 2021.

    ISBN 978-65-5567-044-8

    1. Autoaceitação. 2. Deus. 3. Vida cristã. 4. Fé. I. Título.

21-73952   CDD: 234.23
                                                        CDU: 27-184.3

Meri Gleice Rodrigues de Souza — Bibliotecária — CRB-7/6439

1ª edição, 2021

Editora Globo S.A.
Rua Marquês de Pombal, 25
Rio de Janeiro, RJ — 20230-240
www.globolivros.com.br

A Deus.

SUMÁRIO

Introdução   9

1. A decisão é sua   11
2. Desistiu? Aceita que dói menos...   17
3. As aparências enganam   21
4. O tempo é um presente de Deus   27
5. Você tem sede de quê?   33
6. Você dá valor a seus pais?   38
7. Aceitando as condições da vida   43
8. Você vai morrer   48
9. Aceite a imperfeição   52
10. Coragem!   56
11. Trair é fácil. Mas você aceita sofrer as consequências desse ato?   60
12. Só se vive bem com dignidade   65
13. Construir é necessário   70
14. Às vezes, a dor é necessária   74
15. A vida é melhor com amigos   78
16. Aceite o fim   82

17. Está sentindo um vazio terrível? 86
18. A dor de uma perda 90
19. Cure a sua ferida 94
20. A culpa é sua 98
21. Cuidado com o desperdício 102
22. O apego faz sofrer 106
23. A queda 111
24. Aceite sua responsabilidade 114
25. Jesus apareceu 118
26. O medo atrapalha 123
27. Fé é viver com Deus em plenitude 128
28. "Tadinho" de quem? 132
29. Aceite o que seu coração te diz 136
30. Reflexão final 139

Agradecimentos 143

Introdução

Aceitação. Quantas vezes não ouvimos essa palavra, não é? Mas já pensou no real significado dela? No quanto a aceitação pode mudar completamente a sua vida?

Neste livro, minha irmã, meu irmão, vou tratar desse tema. E espero, do fundo do meu coração, que você se torne mais consciente de que é importante aceitarmos. Aceitarmos os nossos erros, as nossas fragilidades. Pois esse é o primeiro passo para a cura, é o primeiro passo para a felicidade. É preciso reconhecer que o erro começa em mim mesmo, em você.

Então, temos que parar de apontar o dedo para os outros e assumir as responsabilidades e as consequências de nossas escolhas. Deus não vai mudar a sua vida se você não mudar primeiro. Então, eu te convoco, aqui, para um primeiro passo: o passo da aceitação. Só assim, aceitando seu erro, reconhecendo seu caminho torto, percebendo que está repetindo padrões ruins, é que algo de bom poderá acontecer em sua vida.

Aceitar também passa por outros pontos: sabe aquele parente, aquela sogra, que você vive apontando defeitos...

por acaso você é a perfeição em pessoa? Lembre-se: todos somos imperfeitos e temos que aceitar isso nos outros. Existe algum fato ou alguém que te atormenta e você parece não conseguir sair do lugar? Entenda que isso não faz bem para você e afaste-se do que te machuca, de relacionamentos abusivos, de infidelidade, de falsos amigos. Deus quer te ver feliz. E eu digo, antes de mais nada: aceite Deus em seu coração!

Portanto, vamos tratar aqui de aceitação. E, antes de começar nossa jornada, com esse meu jeito que você já conhece, eu te digo: aceita! Aceita que dói menos.

1. A decisão é sua

Reflexão

Você já reparou que buscamos desesperadamente a felicidade, mas, muitas vezes, não sabemos o que ela é de fato? Muitos pensam que a felicidade é um estado de perfeição: a total ausência de problemas e desafios. Outros pensam que a felicidade é a realização de todos os sonhos e desejos pessoais, seja isso um bom casamento, um bom emprego, muitas viagens ou uma carreira cheia de sucesso e poder.
Tudo isso é bom, sem dúvidas, quem é que não quer se dar bem nesta vida, em todos os sentidos? Todos nós queremos, é claro!
Mas, pense mais profundamente: Isso basta?
Não, a felicidade não se resume a isso.

Devemos aceitar que felicidade não é um sentimento de satisfação e ponto-final. Mesmo depois de conseguir algo que queríamos demais, muitas vezes permanecemos infelizes. Continuamos a sentir um vazio. Também já ouvimos ou pensamos: "Aquela pessoa é tão rica que só tem o dinheiro". Ou seja: ela vive em função daquele mundo material, nada mais importa. Assim acontece com pessoas que são muito ricas, mas são pobres diante de Deus. A Palavra de Deus nos lembra: "Do que adianta ganhar o mundo inteiro se vai perder sua própria vida?".

Numa passagem do Evangelho de Lucas (12, 19-20), há a parábola de um homem muito rico, que no final de um dia de trabalho senta-se e diz para si mesmo: "Tenho muitos celeiros cheios de trigo, agora vou descansar e curtir a vida". Jesus disse: "Louco! Ainda esta noite, vão pedir de volta tua vida. E para quem ficará tudo o que acumulaste?".

É assim, há pessoas que são tão pobres, mas tão pobres, que só têm dinheiro! Sabe por quê? Porque mesmo depois de conseguir tudo isso e às vezes até mais, muita gente continua infeliz...

Isso significa que a felicidade não consiste na mera satisfação dos desejos, porque quando eles são realizados o ser humano volta a se sentir vazio. Acredito que você também já teve essa experiência.

É por isso que insisto em dizer que nossa sede de felicidade é algo divino: o ser humano deseja a felicidade de modo tão profundo que esse desejo só pode ter sido plantado em seu coração pelo próprio Deus. Em outras palavras, o ser humano não teria como desejar algo tão perfeito se isso não lhe fosse dado por Deus. Não adianta, a felicidade sem Deus é uma pseudofelicidade. Nada do que encontramos neste mundo nos preenche totalmente, só Deus!

E mais: devemos aceitar que a felicidade não é a ausência de sofrimento, e sim a capacidade de enfrentá-lo, transformá-lo e, sobretudo, dar-lhe um sentido. É por isso que algumas pessoas sofrem muito na vida, perdem parentes, enfrentam doenças e dificuldades financeiras e mesmo assim são felizes.

É preciso tomar a decisão de acreditar, todos os dias, mesmo não tendo nenhum consolo, mesmo quando tudo parece estar perdido, que Deus nos acompanha durante nosso sofrimento e não nos deixa sozinhos nunca. O sofrimento não significa que Deus não nos ama ou que não se importa com nossa felicidade. Esse sofrimento é causado por uma fé imatura ou por uma visão distorcida de Deus. Quem possui uma fé madura sente o amor de Deus de forma tão extraordinária que nada, absolutamente nada, nem o maior sofrimento, pode torná-lo infeliz. O sofrimento pode lhe causar dor, mas não infelicidade.

A felicidade começa com uma decisão pessoal, você precisa optar pela felicidade todos os dias. Você precisa aceitar Deus. E aceitar que a hora de ser feliz é agora! Repita com firmeza para si própria(o): "Hoje, tomei uma decisão. Aceito que nasci para ser feliz. E vou ser feliz mesmo assim, custe o que custar!".

Oração

Curve a tua cabeça, ponha a mão no teu coração, e vamos juntos reconhecer que somos pecadores, e invocar, com confiança, a misericórdia de Deus sobre a nossa vida. E dessa forma, de cabeça baixa e com a mão no coração, vai orando, vai pedindo pra Jesus Cristo que Ele te perdoe de todos os teus pecados.

Sim, Senhor Jesus Cristo, diante da Tua presença eu reconheço que sou miserável, Senhor, e quero Te pedir perdão, Senhor, porque é grande a minha dor ao ver que tive o descuido de Te ofender tantas vezes. Mas Tu, porém, Senhor, com o coração de pai, não somente me perdoastes, mas ainda me convida a pedir-Te o que preciso, pois o Senhor mesmo me diz: "Pedi e recebereis, batei à porta e ela vos será aberta, pois quem pede recebe e quem procura acha".

Por isso, Jesus, diante da Tua presença, quero pedir-Te que todos os meus pecados sejam lavados pelo Teu sangue, por essa água viva, pura, que vem lavar tudo aquilo que me deixa triste.

Senhor, eu sei que sou um(a) pecador(a), que eu sou miserável, eu sei que sou cheio(a) de erros, mas eu quero sempre acertar. Pai, me perdoe de todas as minhas culpas, de todas as minhas falhas. Perdão, Senhor, pelas vezes que eu não Te amei acima de todas as coisas, perdão, Senhor, por todas as vezes que me esqueci de que sem Ti não sou absolutamente nada, perdão, Senhor, porque me esqueci tantas vezes que posso ser o homem mais importante/ a mulher mais importante do mundo, mas sem Ti, Senhor, eu não sou nada, porque a qualquer momento eu posso deixar tudo, e tudo nesta vida é passageiro. Por isso, Pai, me perdoa também se faltei, se não fui fiel com a minha família, com meus filhos, com minha esposa, com meu marido.

Ajuda-me a aceitar e a encarar a realidade. Cura-me, Senhor, das enfermidades, das angústias, do sofrimento, da tristeza, da dor, da insatisfação, da frustração, da depressão. O Senhor me fez para ser uma mulher/ um homem feliz, o Senhor me fez para ser realizada(o) e tomar posse dessa promessa; Senhor Jesus, da promessa que um dia o Senhor nos fez: "Eu vim para que todos tenham vida, a tenham em abundância e a tenham em plenitude". Eu quero estar com o meu coração limpo, com a minha alma, com o meu corpo, com a minha vida completamente limpos e sentir a Tua presença, sentir a Tua graça, sentir o Teu perdão, sentir a Tua força na minha vida.

Renova-me, Senhor, pois tudo que há dentro de mim precisa ser mudado hoje, tudo que há dentro do meu coração precisa mais de Ti nesta noite, Senhor. Todas as coisas da terra e do mundo não são suficientes para me fazer uma mulher/ um homem realizada(o) — nem a fama, nem o sucesso, nem o poder, nem o dinheiro —, eu preciso da Tua graça na minha vida hoje, Senhor, não me deixe sozinha(o), eu preciso de Tua graça, eu preciso desse milagre em minha vida, eu preciso dessa cura, eu preciso dessa transformação, porque de hoje em diante eu quero ser transformada(o), pelo poder do Teu nome e do Teu sangue. Obrigado, Senhor, eu Te louvo e Te agradeço.

Em nome do Pai, do Filho e do Espírito Santo. Amém!

2. Desistiu? Aceita que dói menos...

REFLEXÃO

Jesus propõe que oremos sempre, sem jamais deixar de fazê-lo. Por quê? Vamos pensar juntos: Você percebeu que, hoje, nós estamos desistindo das coisas por qualquer motivo?
Estamos em um caminho, traçamos um objetivo, uma meta, um sonho. Mas, se no meio desse percurso surgem obstáculos e dificuldades, desistimos diante da primeira barreira, do primeiro sofrimento.
Quantos de nós, no momento da oração, dizemos: "Eu não aguento mais!", "Eu não dou conta!", "Ajuda-me, Jesus!", "Cura-me!", "Salva-me!"?
É o clamor desesperado de quem fica cego diante de qualquer situação. Mas você tem fé? Tem perseverança?
Ou desiste logo no primeiro problema que surgir?

Muitos de nós pedimos a graça de que necessitamos uma única vez, sem muita fé, como se fosse o cumprimento de um ritual vazio e, quando não conseguimos alcançá-la, desistimos e ficamos pulando de esquina em esquina, experimentando tudo, pois colocamos nossa confiança nos homens.

É preciso experimentar Jesus Cristo de verdade, dia e noite, sem cessar. Experimente! Mostre que é uma pessoa forte, decidida. Acredite, existe alguém que zela por você! E esse alguém é Jesus Cristo. Ele é nosso refúgio e nossa fortaleza, ainda que nossa coragem seja só aparente, ainda que nossa fé seja pouca, Deus está com você, e com Deus — diz a Palavra — tudo você pode: "Tudo posso naquele que me fortalece"; "Pedi e recebereis"; "Batei à porta e ela vos será aberta". Então, abra a porta do seu coração, porque Jesus não invade a vida de ninguém. Só você pode abrir essa porta, aceitá-Lo verdadeiramente e dizer: "Vem, Jesus, entra na minha casa! Entra na minha vida e faz a diferença!".

Sabe de uma coisa? O Deus em quem confio não quer que você fique triste, deprimida(o), angustiada(o). Deus nos criou para sermos felizes. Será tão bom quando você conseguir viver isso com fé! Jamais desista de ser feliz! Aliás, no meu livro *Não aguento mais* está escrito assim: "Desistir é a saída dos fracos e insistir é o caminho dos fortes".

Por isso, eu digo: é preciso orar sempre, não somente para obter graças e alcançar milagres, mas também para que um dia, de tanto rezar, você possa chegar à seguinte conclusão: "Já não sou eu que vivo, mas é Cristo que vive em mim".

Oração

Senhor, reconheço a necessidade de viver em Vós, Jesus Cristo. Sei que com Vossa graça posso ser mais forte e mais feliz. Por isso, hoje, eu quero Te aceitar plenamente e para sempre. Quero abrir as portas do meu coração e fazer com que elas permaneçam abertas todos os dias de minha vida, sem jamais fechá-las. Senhor, aqui estou! Fazei de mim um instrumento em Vossas mãos. Quero ser boa/bom. Que assim seja. Amém!

3. As aparências enganam

Reflexão

O que significa a aparência para você? Temos que aceitar que as aparências enganam. Temos que aceitar que Deus não faz diferença entre as pessoas, nós é que fazemos. Escolhemos de quem queremos ser amigos, quem será convidado para nossa casa, e — geralmente — queremos pessoas que julgamos serem "mais especiais" ao nosso lado. Deus, não. Deus aceita a todos. Todos são iguais perante Ele. Já pensou nisso?

Um dia, Jesus entrou em Jericó e havia ali um homem muito rico chamado Zaqueu. Conta o Evangelho de Lucas (19, 1-10) que ele queria ver Jesus, mas não conseguia por causa da multidão e de sua baixa estatura. O que ele fez? Subiu numa árvore para vê-lo. Quando Jesus se aproximou, levantou os olhos, o viu em cima da árvore e disse:

— Zaqueu, desce depressa, porque é preciso que eu fique hoje na tua casa.

Zaqueu, então, o recebeu em casa. Vendo isso, todos criticavam:

— Ele vai hospedar-se na casa de um pecador!

Zaqueu, entretanto, de pé diante de Jesus, disse:

— Senhor, vou dar a metade dos meus bens aos pobres e, se eu tiver roubado alguém, vou devolver quatro vezes mais.

E veja só o que Jesus lhe disse:

— Zaqueu, hoje a salvação entrou em sua casa! Porque este homem também é filho de Abraão. Pois o Filho do homem veio buscar e salvar o que estava perdido.

Deus tem compaixão de todos. Ele não é somente dos escolhidos, é o mesmo Deus para todos. Ele não é um juiz severo, mas um pai bondoso e uma terna mãe. Por isso, não cabe a ninguém julgar! A Palavra diz: "Não julgueis para não serdes julgados! Não condeneis, para não serdes condenados, pois com a mesma medida que medires os outros, vós também sereis medidos".

Costumo dizer o seguinte: "Não jogue pedra no telhado do seu vizinho, porque o seu também é de vidro. Se jogarem pedra em seu telhado, ele também vai quebrar". Observe que interessante: Zaqueu tomou uma atitude porque aceitou que precisava de transformação, de mudança.

Então, diga como Zaqueu: "Senhor, eu reconheço que sou um pecador!". Fique de pé diante do Senhor, porque Deus te ama e te quer do jeito que você é! Foi Deus quem fez você assim. Por isso, Ele o ama do jeitinho que você é!

Corra depressa, vá para a frente, como fez Zaqueu. Aceite que Ele pode transformá-lo e mudar sua vida. Tenha pressa de escutar o sussurrar da voz de Jesus, que diz assim em seu ouvido: "Hoje, a salvação entrou em sua casa".

Saiba que o importante não é o que as pessoas pensam de você, mas sim o que Deus sabe a seu respeito. Você pode perder dinheiro, o poder, o emprego, mas não permita que você perca a esperança, o amor e a caridade. Não perca nunca os sentimentos lindos que Deus plantou dentro do seu coração.

Lembre-se: o dinheiro, o sucesso, a beleza e o poder até compram uma bela casa, uma grande fazenda, mas não garantem um lar. O dinheiro compra uma bela cama, mas não te dá o sono; paga a melhor assistência médica, mas não te garante saúde. Aceite plenamente Deus em sua vida. Ele é especialista em fazer reviravoltas ("Eis que faço nova todas as coisas"). Deus não falha, como minha avó dizia: "Ele tarda, mas não falha".

As surpresas que Deus tem preparado para sua vida irão superar todas as suas expectativas.

Mas como está escrito em Coríntios (1, 2-9): "Olho nenhum viu, ouvido nenhum ouviu, mente nenhuma imaginou o que Deus preparou para aqueles que o amam".

Agora, vá até a página 95 do meu livro *Não aguento mais* e leia o capítulo "Você enxerga por detrás da aparência?". Depois, volte e reze comigo, no silêncio do seu coração.

Oração

"Senhor, eu não sou digno que entreis em minha morada, mas dizei uma só palavra e serei salvo!"

Senhor, eu Te peço que entre na minha casa, que renove a minha vida e que restaure a minha família. Eu quero, hoje, Senhor, sentir a Tua força, o Teu poder, o Teu amor misericordioso, a Tua presença viva transformando o meu ser! Entra na minha casa, entra na minha vida. Eu Te aceito plenamente.

Eu quero Te pedir perdão, Senhor, perdão por não saber me perdoar, perdoar os meus irmãos e por eu ainda não ter alcançado o perdão das pessoas que magoei, que desprezei, que julguei...

Mexe com minhas estruturas agora, meu Senhor, e sara todas as minhas feridas...

Eu sei, Senhor, que conheces meu coração, minhas necessidades e que, ao fim desta oração, Terás me curado, me libertado, me salvado com o Teu amor de pai! Eu quero alcançar a cura e aprendi que a chave para alcançá-la é o perdão. Alcança-me essa graça, Senhor, pois eu quero a Tua vontade na minha vida! Hoje é o tempo da graça, é o tempo da renovação. Eu quero o perdão pela tristeza, pelas fraquezas, pelo medo, pelo coração duro, pelas acusações, pelos julgamentos, pelas limitações, pelos erros.

Eu Te peço agora, Senhor Jesus, pelo poder do Teu nome e do Teu sangue precioso: perdoa-me pelas minhas misérias, pelas minhas fraquezas, pelo meu desânimo. Perdoa todas as vezes em que roubei a paz, a serenidade, a alegria do meu irmão, do meu próximo. Perdoa todas as vezes em que eu não acreditei em Ti! Todas as vezes em que não acreditei que o Senhor é o Deus do impossível! Fica comigo, Senhor, e não me deixe sozinha(o).

Em nome do Pai, do Filho e do Espírito Santo. Amém!

4. O tempo é um presente de Deus

Reflexão

Passamos muito tempo de nossa vida correndo de um lado para outro. Estamos sempre com pressa. Só pensamos em trabalhar, juntar dinheiro enquanto somos jovens — porque temos braços e pernas fortes e não ficamos doentes tão facilmente. Buscamos apressadamente juntar coisas materiais usando as mais diversas desculpas, por acreditar que só teremos esse tempo, o hoje, porque o ontem, o passado já se foi, perdemos tempo; e o futuro, quem sabe? Talvez não tenhamos tempo. Os dias de hoje exigem de nós cada vez mais velocidade; é preciso correr, correr, correr... Mas você já pensou se está usando bem o seu tempo?

Eu sinto e acredito que as pessoas estão cada vez mais sem tempo: os dias parecem mais curtos, os meses se passam numa velocidade tão grande que quase não percebemos. E nós, só querendo juntar, juntar, juntar. Juntar não significa construir, edificar. Você está juntando tanto, será que está se esquecendo de construir a sua vida sobre a rocha, que é Jesus Cristo? Você está acumulando tanto sem se preocupar com os ventos, as tempestades... Eu te pergunto agora: para quem ficará todo seu esforço, todo seu suor, todo o tempo que gastou? Você parou para pensar se o que dedicou sua vida para juntar vai permanecer depois que você se for? Eu não acredito que você ainda não tenha tido tempo de pensar nisso. Ser inteligente não é ser sábio. É preciso viver com sabedoria, e só se vive com sabedoria quando se está junto de Deus.

Ninguém é sábio sem Deus na vida. Juntar apenas traz o vazio, a solidão, porque se você consegue atingir suas metas, recebe o aplauso dos outros, e com essas glórias, na maioria das vezes, vem a inveja. E então você fica com medo e acaba por ficar só, insegura(o), solitária(o), com receio de que tudo se acabe. Exigiu tanto de si mesma(o) para alcançar o bem material, a admiração dos outros, e agora o medo de perder te colocou numa prisão. A prisão do coração.

Se você ainda não conseguiu atingir seus objetivos, se o caminho está difícil, se as pedras se tornaram tantas que a cada passo que você tropeça vem a sensação de fracasso... pergunte a si: "O que me falta?". "Por que para fulano foi tão fácil?", você pode pensar. Na verdade, você passará a procurar desculpas, razões para colocar no outro a culpa por ficar tanto tempo querendo construir seu castelo com baldinhos de areia. Sem Deus, o terreno com certeza é arenoso. Não vamos mais culpar os outros pelos nossos erros, principalmente a Deus! Nós precisamos tomar consciência de que, se alguma coisa deu errado na nossa vida, não foi por culpa de Deus, foi por nossa culpa. Quando somos jovens protelamos a nossa felicidade, achamos que só seremos felizes quando obtermos algo, ou seja, que devemos comprar, casar, viajar... O curioso se dá aos quarenta ou cinquenta anos, quando já tivemos algumas perdas na vida. Em um dado momento você começa a perceber que "é agora ou nunca". Você pode estar vivendo o melhor momento da sua vida e não estar se dando conta disso.

O bom é quando você para de fazer de conta e começa a viver de verdade, percebendo que ainda dá tempo. Então, pare de sonhar para os outros. Um grande exemplo são os pais que sonham para os filhos, e por fim se decepcionam, até porque os sonhos dos filhos são diferentes dos sonhos dos pais. Não se preocupe com a felicidade do seu filho, porque ele não quer a felicidade que você deseja, dedique-se à sua felicidade, ou então chegará o momento em que eu terei que te dizer "Aceita que dói menos".

Agora, Deus quer renovar a sua vida, e você? Quer? Te convido a ler (ou reler) o capítulo que começa na página 132 do meu livro *Não aguento mais*, nele você encontrará a resposta. Depois, volte e reze comigo.

Oração

Curve a tua cabeça, ponha a mão no teu coração, nós vamos agora pedir perdão. Por quais motivos você quer pedir perdão para Jesus Cristo hoje?

Senhor Jesus, transforma a minha vida, faz de mim uma nova mulher, um novo homem, me salva e liberta-me. Transforma o meu coração, entra na minha vida fazendo o que o Senhor pode fazer. Sim, Senhor Jesus Cristo, me coloco diante da Tua presença para dizer: Cura-me, Senhor, de todas as maldições, de todas as enfermidades que estão alojadas no meu corpo, Senhor, vai curando desde a cabeça até a planta dos pés, e que o Teu Espírito Santo, como fogo que queima, venha queimar todos os meus pecados agora, venha transformar meu coração e a minha vida. Pai, é no Teu nome precioso que eu clamo agora o perdão dos meus pecados, quebra e derruba todas as muralhas que estão na minha vida. Quebra, Jesus, todas as pedras que estão no meio do meu caminho, ó meu Jesus, eu me entrego em Tuas mãos agora, eu quero ser uma mulher nova, Jesus, eu quero ser um homem novo, sim, Jesus Cristo. Transforma minha vida, cura minhas feridas que estão alojadas e que não cicatrizam há anos, por causa do meu orgulho, por causa de minhas vaidades, por causa dos meus pecados, e renova, Senhor, a minha vida, pois tudo o que há dentro de mim precisa ser mudado. Eu quero ser renovada(o), Jesus, eu quero ser modificada(o) agora, assim como um vaso que é trabalhado, eu também quero me sentir trabalhada(o) por Tuas mãos.

Hoje, Jesus, eu sou esse diamante, essa pedra bruta que precisa ser lapidada por Ti neste dia. Senhor, faz de mim tudo o que o Senhor quiser, renova-me, tudo o que há dentro de mim precisa ser mudado, precisa ser transformado pelo poder do Teu nome e do Teu sangue. Abençoa-me Jesus, me livrando e me protegendo de todo mal, de todo perigo e de toda doença de corpo e da alma.

Em nome do Pai, do Filho e do Espírito Santo. Amém!

5. Você tem sede de quê?

REFLEXÃO

Quantos de nós estamos sempre com sede de alguma coisa? Ficamos esperando por algo novo, sedentos por aquilo que vai mudar magicamente nossa vida. Ávidos por uma solução que não precise de esforço. Por que essa sede não passa? Sede de ser feliz, de ser amada(o), de ser respeitada(o), sede de alcançar nossos sonhos, sede de projetos e de conquistas. Parece que nunca vamos matar esses desejos. Você já se sentiu assim?

Muitos de nós só matamos a sede na hora, sem nos importar com a qualidade da água, qualquer poço serve... Por isso, voltamos rapidamente a ter sede, logo a boca fica seca e parece que a sede volta ainda maior — e toda água parece pouca. O caminho se torna longo, o sol vai castigando, cada vez mais quente, o ar vai queimando os pulmões, e com mais sede ainda vamos ficando...

É isso que acontece com muitos de nós: essa sede é sinônimo de ansiedade! Nesses dias tão difíceis, em que sentimos tantas angústias, procurando por respostas fáceis e de preferência sempre positivas, saímos à procura de qualquer poço, desde que realize nossas vontades. Aí mora o perigo!

Cuidado: na hora do desespero, corre-se o risco de sair desesperada(o) atrás de uma solução e encontrar qualquer coisa pelo caminho. O importante não é matar a sede, e sim possuir a fonte. A fonte de água viva: Jesus Cristo! Se não possuirmos a fonte, que é Jesus Cristo, não conseguimos matar nossa sede de amor, paz, perdão, bondade, caridade, felicidade... É preciso possuir a fonte! É necessário estar com Jesus Cristo, para que todas as vezes em que você sentir sede, possa ir direto à fonte. Jesus nos garante isso: "Eu sou a água viva e aquele que bebe desta água nunca mais terá sede!".

Ah, não se esqueça: tudo no mundo é passageiro, só a Palavra de Deus permanece. Então, deixe de viver essa vida arrastada que você está levando agora, essa vida egoísta, se preocupando com tantas coisas, com tantos afazeres, com tantos bens materiais, com tantos luxos, com tantas vaidades, com tanto poder e com a ignorância de não perdoar. É por isso que vive doente, não consegue comer, dormir; tem dores no estômago, na coluna... Você vive cheia(o) de dores e a ciência não consegue descobrir o motivo. Isso tem a ver com o seu coração, que não sabe perdoar, amar, fazer a caridade. Você não escuta a voz de Deus e não o tem como a fonte da água viva. Lembre-se: o caminho para a cura é o perdão! Busque a fonte de água viva, e recomendo que leia meu livro *Quer ser feliz? Ame e perdoe*. Nele eu falo mais sobre isso.

Até porque existem dores que sentimos e não demonstramos, sofremos em silêncio. Ninguém as vê, mas Deus sabe delas, Ele te entende e te cura. Muitas vezes será só você e Deus. Mas acredite: será mais que o suficiente. Vamos orar agora.

Oração

Abra um grande espaço para Jesus no seu coração. Em silêncio, converse com Ele. Vá pedindo para Jesus Cristo tudo aquilo que você deseja que aconteça com você, na sua vida, na sua casa, na sua família e coloque nas mãos de Jesus seus planos, seus projetos.

Peça para Jesus Cristo que Ele te ajude a entender melhor as palavras do seu Evangelho, que foi escrito há milênios, mas que permanece tão presente, tão atual, tão verdadeiro para a nossa vida. Talvez seja este o momento que você precisa escutar a verdade que muitas vezes machuca, que dói, mas que também cura e liberta, que salva, que nos tira da escuridão e da dúvida.

Jesus Cristo, eu Te louvo e Te agradeço, Senhor, pela minha vida, pelos meus amigos, pelas pessoas à minha volta, pelas pessoas que passaram por mim e deixaram um pouco da Tua presença. Eu Te louvo e Te agradeço, Senhor, pela minha família, pelas nossas vidas, pela nossa saúde, pela nossa história, pelo nosso trabalho. Eu Te louvo e Te agradeço, Senhor, porque a cada dia que passa me convenço de que eu não vivo sem Ti, que sem Ti eu não posso fazer nada, Jesus. Eu Te louvo e Te agradeço, Senhor, porque eu sou blindada(o) pelo Teu poder e nenhum mal pode se achegar até mim, porque o Senhor deu uma ordem a teus anjos para que em todos os caminhos me guardem.

Que eu seja blindada(o) pelo Teu poder, pela Tua ação poderosa, pelo Teu amor, pelo Teu perdão, pela Tua graça, pela Tua cura e pela Tua libertação. Por isso, Jesus, na Tua presença gloriosa aqui, agora, e por intercessão de Nossa Senhora Aparecida, todos os anjos e santos do Senhor, eu profetizo, eu determino que o mal vá embora agora, que o mal caia por terra, e que toda maldição, toda tristeza, toda angústia, toda depressão, todos os maus pensamentos, todas as ciladas demoníacas sejam repreendidas e todo o mal que possa estar na minha vida se afaste agora e que eu seja curada(o) de toda doença do corpo e da alma.

Em nome do Pai, do Filho e do Espírito Santo. Amém!

6. Você dá valor a seus pais?

Reflexão

Muitos de nós não sabemos valorizar o maior presente que Deus nos deu, nossos pais! Eles foram escolhidos por Deus para nos fornecer a vida. Por muitas vezes esquecemos disso, temos que nos lembrar sempre que sem eles não estaríamos aqui. Muitas vezes somos mal-agradecidos, somos ignorantes, achamos que os pais não nos entendem, que são atrasados, que não são modernos o suficiente. Que nós é que sabemos mais. E com frequência também achamos que nossos pais só nos dão trabalho, enchem nossa paciência e ficam atrás da gente o tempo todo, exigindo explicações, cobrando, falando no nosso ouvido. Essa é a maneira que você enxerga ou que já enxergou seus pais?

Acredite, seus pais te entendem, é você que não procura entendê-los, não abre para eles um espaço na sua vida, não os ouve com os ouvidos do coração, não permite que o sorriso deles chegue à sua alma. Não acredito que algum pai ou alguma mãe seja capaz de desejar o mal para o seu filho, todas as vezes que dizem NÃO, estão desejando o bem. Mas o filho não entende, pois não era a resposta que queria ouvir.

Pare e pense, procure refletir, relembre todas as situações da sua vida em que um de seus pais lhe disse "não faça isso" e você fez... O que aconteceu depois? Um desastre? Olha, todas as vezes que você escutar a palavra "não" da sua mãe ou do seu pai, coloque-a em prática, porque todas as vezes em que desobedeceu, você se deu mal.

Sabe o que você vai ser quando crescer? Também poderá ser pai, ser mãe... talvez até já seja. E como educação só se dá com exemplo, qual é o seu exemplo para seu filho ou sua filha?

Entendo que muitas vezes o "não" dos pais nos frustra. Mas pense: aquele "não" pode significar algo muito mais complexo. Já parou para pensar que eles podem estar dizendo, através daquele não: "Eu não quero que você passe por situações que já passei, esse caminho não é certo, já fui por ali e me dei mal".

Assim como dizer sempre "sim" não significa "eu te amo"! Para crescer, precisamos lidar com os "nãos", e os mais amorosos, com certeza, vêm da boca de nossos pais.

Cabe aos pais alertar, por exemplo, que existe o tempo de construir e não de usufruir. E quando somos jovens, nosso mal é que queremos o contrário: usufruir daquilo que ainda não construímos.

Precisamos bater no peito e ter orgulho do que aprendemos com nossos pais, eles nos deram o alicerce para construir a nossa casa na rocha firme, segura. Temos que bater no peito e dizer com todo o nosso coração que eles nos ensinaram a amar, e nos deixaram a maior herança que podiam: Jesus Cristo e os valores morais, éticos e religiosos. As histórias de desobediência são repletas de consequências ruins. Podemos ver isso desde o início da humanidade, no decorrer dela e em todos os âmbitos de nossa vida. Mas e agora, o que fazer? Já se deu mal ao não ouvir seus pais? Aceita que dói menos, use como exemplo, vire a página e siga seu caminho, sabendo ouvir seus pais. Espero que ao menos tenha aprendido que o período que você menos entende é o período em que Deus mais te ensina! Coragem! Siga em frente e, como disse um dia Jesus a uma mulher pecadora: "Vá e não peque mais". Eu diria: "Vá e não desobedeça mais quem te ama e te quer feliz!".

Oração

Jesus está aqui, Ele quer chegar até você, até o mais profundo do seu coração e reacender a pequena chama da sua fé. Aproveite este instante, são cinco minutos com Jesus Cristo! Ele quer te fazer vitoriosa(o), Ele quer realizar em você, na sua vida e na de sua família a transformação, a restauração, a cura do corpo e da alma! Por um instante, feche os teus olhos, ponha a mão no teu coração, se possível, curve a tua cabeça. Você está frente a frente com Jesus agora, com o Senhor da tua vida, com o Senhor da tua história, com o médico dos médicos.

Converse com Ele, diga para Ele agora qual é a sua angústia, a sua tristeza, a sua depressão, a sua dificuldade. Diga para Ele que você acredita; se Ele fez tantos milagres, se Ele realizou tantas curas no passado, hoje Ele vai realizá-los em sua vida. Porque o mesmo Deus de ontem é o de hoje e de sempre.

Senhor, eu tenho certeza; eu não tenho dúvidas do meu milagre! Eu tenho confiança de que hoje o meu milagre vai acontecer, que a minha vitória vai chegar, eu tenho certeza de que vou vencer em Teu nome, Senhor! Eu tenho certeza de que aquilo que parecia impossível na minha vida hoje vai se tornar possível, Senhor! Eu profetizo agora a minha cura, o meu emprego, a felicidade no meu casamento, a recuperação do meu filho, Senhor! Eu creio que o meu Deus é o Deus do impossível, e o que é impossível para os homens é possível para Ti, Senhor!

Sim, Senhor Jesus Cristo, eu Te peço, agora, vai e age poderosamente na minha vida. O Senhor mesmo disse: "Onde dois ou três estiverem reunidos em meu nome, eu estarei no meio deles".

E hoje eu estou aqui em Teu nome, orando, clamando pela Tua graça, pela Tua salvação, pela Tua misericórdia! Sim, Senhor Jesus Cristo, eu quero testemunhar as Tuas graças, os Teus milagres, a Tua vitória em minha vida; eu quero fazer diferente, porque quero resultados diferentes e tenho a certeza de que o único que pode fazer a diferença és Tu, Senhor!

Te peço, Senhor, abençoa a minha vida e derrama sobre cada membro da minha família as bênçãos do céu, livrando-os de todo o mal. Que eles não sejam motivo de desunião, de desamor, de desavenças. Renova, Jesus, em seus corações os bons sentimentos, a estabilidade emocional. Dá a cada um, Senhor, a graça de melhorar o seu comportamento. Liberta-os da compulsão, das paixões desenfreadas, do desequilíbrio financeiro por falta de controle de suas emoções. Senhor, que eles enxerguem em Ti a resposta para todas as dificuldades de suas vidas. E que, de hoje em diante, todos Te vejam, Senhor!

Em nome do Pai, do Filho e do Espírito Santo. Amém!

7. Aceitando as condições da vida

REFLEXÃO

Para tudo em nossa vida existem condições. Por exemplo: se você quer se casar, vai assumir algumas condições, e qual é a primeira condição do casamento? É ser fiel! Para se viver em sociedade, existem regras, condições e leis — para todos e em todo o mundo. Vamos pensar, juntos, um pouco sobre isso?

Um dia, estava com o meu bispo dom Pedro no carro dirigindo e avancei o sinal vermelho, que tinha acabado de fechar, um segundinho só e eu passei; logo dom Pedro me advertiu duramente:

— Padre Alessandro, os sinais de trânsito existem para serem obedecidos. A falta de ordem, a falta de respeito e a falta de compromisso na nossa vida não nos permitem progredir. Na vida com Jesus Cristo também funciona assim; quer ser cristão? Tem também a condição de manter a ordem para crescer na fé. Para ser um cristão autêntico e coerente, você precisa respeitar e obedecer às leis e aos decretos que estão no livro da vida, a Bíblia.

Agora, vamos pensar num exemplo prático: se na sua casa não tem ordem, não tem condições, não tem respeito, o que será da sua casa, da sua família? Imagine se seus filhos fizessem na sua casa o que eles bem quisessem? Sabe o que aconteceria, não é? Eu nem preciso dizer... É necessário que existam condições na sua casa. Quando eu era jovem e morava com a minha avó, sabe quais eram as condições? Vou te contar uma delas: dez horas da noite, em casa, porque senão, não entra. E se eu chegasse às 22h05 a porta estava fechada e pronto. Não tinha choro.

Mais uma: na casa da minha avó, meio-dia o almoço estava na mesa; se eu chegasse meio-dia, tinha almoço, mas se eu chegasse meio-dia e meia, não tinha, sabe por quê? Ela falava para mim: "Eu não sou a sua empregada, a hora do almoço é meio-dia".

Para tudo tem que haver condições, a fim de ter ordem. Para seguir Jesus Cristo, também é necessário ter ordem, ou você é cristão ou não é. Então, meu irmão, minha irmã, como diz o ditado popular: não dá para acender uma vela para Deus e outra para o diabo.

Precisamos ser radicais em algumas coisas da nossa vida, ou você toma a cruz como a de Jesus — "Toma a sua cruz e siga-me e não olhe para trás, porque senão você não é digno de mim" — ou então você abandona seu barco, abandona sua cruz, e não segue Jesus Cristo. Sabe o que está acontecendo hoje? As pessoas estão brincando de seguir Jesus, mas não querem aguentar o peso da cruz. Você tem que assumir seus compromissos pra valer!

Seja fiel, aliás, diz a Palavra: "Seja fiel no pouco que eu vou te dar muito mais!". Seja coerente com aquilo que você prometeu, só prometa aquilo que você dá conta de cumprir. A minha avó sempre me ensinou isso, ela sempre me disse: "Meu filho, seja homem, assuma a sua palavra, assuma o que você prometeu". Nisso, eu fui entender o que é ser homem, isto é, assumir e cumprir aquilo que você prometeu.

Meu irmão, minha irmã, se você quer tomar posse da terra prometida, coloque em prática as leis de Deus. Você só consegue cumprir tudo aquilo que prometeu se você estiver com a lei no seu coração.

O coração é o órgão vital do ser humano, é o motor. Sem o coração, não existe vida, não existe a pessoa, o coração do humano é o sacrário, é aquilo que nós temos de mais sagrado. Tudo que é importante está dentro do coração, seja bom ou ruim, está guardado nele. E estando tudo no coração, é preciso limpá-lo e ficar somente com os sentimentos bons para que ele bata saudável, em paz... Você tem que limpar, tirar o que for ruim do seu coração e guardar somente as coisas boas e praticá-las. Tem muita gente que ouve, que lê, que promete, mas não cumpre, sabe por quê? Porque não está com o coração limpo, cheio somente do que é bom, e quando o coração não está limpo, as coisas bagunçam, confundem, e aí vem a frustração, a depressão, a tristeza, a raiva, o rancor.

Lembre-se, meu irmão e minha irmã, você está dentro do maior coração que o mundo já conheceu, você está dentro do coração de Jesus, isso é o mais importante! Um coração manso e humilde, cheio de amor. Olhe que lindo o que nos diz a Palavra: "Procura com grande zelo não te esqueceres de tudo o que viste com os próprios olhos, e nada deixes escapar do teu coração por todos os dias de tua vida; antes, ensina-o a teus filhos e netos" (Deuteronômio 4, 1-9).

Sei que recomeçar é o grande desafio, porém temos essa chance, e chegou a hora: tome posse da Palavra que diz "Eis que faço novas todas as coisas".

Oração

Coloque a mão no teu coração, curve tua cabeça um minutinho e vamos orar, clamando pelo perdão de Deus sobre nossas vidas. Vá orando, vá pedindo para Jesus Cristo o perdão.

Perdão, Senhor, por todos os nossos pecados. Eu quero Te pedir perdão, Jesus. Perdão, Senhor, porque eu sou uma pobre, uma miserável criatura. Perdão, Senhor, porque eu sou uma mulher/ um homem que falha. Meu Jesus, é grande a minha dor ao ver que eu tive o descuido de Te ofender tantas vezes, Senhor!

Mas, mesmo assim, Jesus, o Senhor, com o coração de pai, não somente nos perdoaste, mas ainda nos convida a pedir-Te aquilo de que precisamos. Porque o Senhor mesmo nos diz: "Pedi e recebereis".

É verdade, Jesus, temos a certeza e sabemos que o Teu amor é tão grande por cada um de nós. Nós sabemos da capacidade do Teu amor, do Teu perdão, e ainda que diante de nossas misérias, o Senhor ainda escuta a nossa prece! Jesus, renova a minha vida, porque tudo que há dentro de mim precisa ser mudado; arranca do meu coração o ódio, o rancor, a mágoa, todas as tristezas, as angústias. Renova-me, Senhor Jesus, e dá-me sabedoria para saber administrar melhor minha casa e fazer reinar nela a paz e a ordem de que eu tanto preciso.

Em nome do Pai, do Filho e do Espírito Santo. Amém.

8. Você vai morrer

Reflexão

Estamos cansados de saber que a única certeza que temos é a de que um dia vamos morrer.
Esta é a única certeza. Não sabemos se amanhã estaremos ricos, ou se estaremos pobres; não sabemos se amanhã teremos uma casa, um carro, um emprego, se estaremos formados... A única certeza é que vamos morrer um dia. Você pensa nisso? Isso te aflige?

O futuro, minha irmã, meu irmão, é sempre incerto, e não se confunde com as expectativas humanas. Uma carta de São Tiago (4, 13-14) nos fala exatamente isso: "Caríssimos, vós dizeis hoje e amanhã iremos a tal lugar, passaremos por lá um ano, negociando, ganhando dinheiro... No entanto, não sabeis nem mesmo o que será da vossa vida amanhã...". Simplificando, Tiago quer nos dizer: nós, que estamos preocupados em só ganhar, nem sabemos o que será da nossa vida amanhã. Talvez seja ignorância nossa estarmos sempre preocupados com o dia de amanhã, até porque estamos vivendo de um passado que às vezes não deu certo e não vivemos o hoje. Quanto tempo perdido!

Às vezes, pode-se até recuperar algumas coisas, mas jamais se recuperará o todo... Quantas preocupações desnecessárias... Tempo perdido!

Por que se preocupar tanto com a riqueza e abundância de seus bens? O dinheiro, o sucesso e o poder não podem dar ao homem uma vida sem limites ou garantir-lhe uma existência imortal. No momento da morte, tudo se passa como se fosse apenas uma neblina, não haverá beleza, sucesso, poder... Tudo um dia vai acabar... Que tal você aproveitar o pouco tempo que ainda lhe resta e abandonar a sua prepotência e o seu orgulho?

Não seja pessimista, você é capaz de aceitar o que está errado e mudar o rumo de sua vida, não se deixe abater pelo pessimismo daqueles que não têm fé o suficiente para olhar em direção ao futuro e acreditar na mudança.

Você é capaz, faça acontecer e verá que precisa de muito pouco para ser feliz.

Oração

Vamos rezar juntos agora!

Curve a cabeça, ponha a mão no teu coração, porque quem te segura é Deus, com o seu amor de pai! Ele sabe das suas dificuldades, abra-se com Ele, fale com o Senhor:

No dia em que for chamada(o) para retornar a Ti, Senhor, quero ter feito o bem. Quero ter semeado o amor na terra. Quero ter feito a diferença para alguém. Não quero temer a morte, pois saberei, do fundo do meu coração, que agi corretamente. Quero agir conforme o Senhor me mostrar.

Eu Te peço, Senhor Jesus, transforma o meu coração e a minha vida, liberta, me cura dessa depressão, dessa angústia, dessa tristeza... Arrebenta, Senhor Jesus, toda a mágoa, toda a doença que está alojada na minha vida, por causa dessa insatisfação e dessa incerteza.

Agora, preciso de Ti, Senhor, quero resultados diferentes na minha vida, age sobre mim, Senhor! Age na minha vida, na minha história, reina na minha casa e no meu coração. Porque quero sentir o Teu poder transformador, restaurador, renovador! Eu tomo posse da Tua Palavra, que me diz: "Você nunca estará só, eu mesmo estarei contigo!".

Contigo, Senhor, nada poderá me abalar, nada poderá me derrotar, pois minha força e vitória têm um nome... Esse nome é Jesus! E Ele está em mim...

Em nome do Pai, do Filho e do Espírito Santo. Amém.

9. Aceite a imperfeição

Reflexão

Já vou começar dizendo: não existe ninguém perfeito, sempre temos queixas uns dos outros. Vivemos nos decepcionando, certo? Por isso, não há vida feliz se você não aceitar a imperfeição do outro. E, mais do que aceitar que ninguém é perfeito, é necessário que você viva o perdão. Por quê? Não dá para viver em um mundo imperfeito sem perdoar. Sem o perdão, a nossa vida se torna um profundo abismo cheio de mágoas.

Sem perdão, a gente adoece, e quem não perdoa não tem paz na alma nem comunhão com Deus. Estou convencido de que a mágoa é um veneno que nos mata aos poucos, devagar, dia após dia. E, no fim, guardar mágoa no coração é um gesto de falta de amor por si próprio.

O perdão é a chave para a cura, falo sobre isso também no meu livro *Quer ser feliz? Ame e perdoe*. Lá eu digo que hoje é um excelente dia para recomeçar, para se reconciliar, para se perdoar e se curar. Afinal, aonde você quer chegar com tanta prepotência, arrogância e orgulho? Olhe para o alto, anseie as coisas boas que a vida traz, que Deus Te deu e que você deseja.

Já nos dizia Santo Agostinho: "Se você deseja, de certa forma já possui". É preciso primeiro desejar.

Desejar ser feliz na sua casa, com a sua família, com quem você ama! Então você tem que dar o primeiro passo, abra o seu coração para redescobrir em você o segredo da felicidade plena e absoluta, que é uma vida nova em Jesus Cristo, um novo e verdadeiro amor.

Somos muito amados por Deus e capazes de amar muitas vezes, porque somos a manifestação do amor. Deus sabe que vivemos num mundo muito complicado, difícil, por isso Ele nos pede que tomemos cuidado. Tome cuidado com a sua vida, com a sua saúde, com o seu casamento, seu relacionamento, sua família, seu emprego.

Você sabe muito bem quais são os cuidados que deve tomar, então se você não der o primeiro passo e não começar a eliminar tudo o que te faz mal, irá sempre viver mal.

Não adianta nada ficar colocando fardos pesados nos ombros dos outros, culpando a Deus de tudo, se você mesma(o) não vive a certeza do que acredita. É preciso começar a colocar em prática tudo aquilo em que se acredita. Cada um sabe em que precisa ser cuidadoso, em que precisa ter cuidado. Com Deus somos tudo; ofereça a Ele a sua família, peça a Ele para abençoar a sua vida rica e abundante e todos aqueles que você ama. Não adianta nada ficar sofrendo, se precipitando, sem tomar uma posição, uma atitude; não adianta ficar sempre reclamando, murmurando... Comece a agir com sabedoria. Com a sabedoria de Deus. O dia em que você parar e começar a colocar em prática o que sabe que é certo, mas que ainda não o fez porque não teve coragem nem sabedoria para tomar a decisão, verá que sua vida vai mudar, Deus mudará a sua vida, e você entenderá que perdoar é dar ao outro e a você mesma(o) o direito de ser feliz.

Oração

Jesus está aqui, Ele quer chegar até você. Até o mais profundo do seu coração e reacender a pequena chama de sua fé! Aproveite este instante, são cinco minutos com Jesus Cristo. Ele quer te fazer vitorioso, Ele quer realizar em você, na sua vida, na vida de sua família, a transformação, a restauração, a cura do corpo e da alma. Ele quer te ajudar a perdoar. Pense em quem te fez mal. Sei que é complicado, muitas vezes dolorido, mas pense naquelas pessoas que te magoaram e que você ainda não se esqueceu. Faça esse exercício e tente perdoá-las. Tente deixar a mágoa para trás. Peça a Deus, a Jesus Cristo, que ajude a aliviar seu coração.

Sim, Senhor Jesus Cristo, eu Te peço, agora, vai e age poderosamente na minha vida.

Eu quero testemunhar as Tuas graças, os Teus milagres, a Tua vitória em minha vida! Eu quero fazer diferente, porque quero resultados diferentes e tenho a certeza de que o único que pode fazer a diferença em mim és Tu, Senhor!

Em nome do Pai, do Filho e do Espírito Santo. Amém!

10. Coragem!

Reflexão

Coragem é uma palavra muito forte. Com um significado mais forte ainda. Para aceitar seus erros, reconhecer que precisa mudar, é preciso ter coragem. E qual o nível de sua coragem? Já se confrontou com essa pergunta? Pode até parecer simples, mas não é. Reflita, se volte para dentro de você e tente se perguntar: você é uma pessoa corajosa?

Vou te contar uma história muito interessante, que está no Evangelho de Marcos (10, 46-52): o encontro de Jesus com um cego chamado Bartimeu.

Então chegaram a Jericó. Quando Jesus e seus discípulos, juntamente com uma grande multidão, estavam saindo da cidade, o filho de Timeu, Bartimeu, que era cego, estava sentado à beira do caminho pedindo esmolas.

Quando ouviu que era Jesus de Nazaré, começou a gritar: — Jesus, Filho de Davi, tem misericórdia de mim!

Muitos o repreendiam para que ficasse quieto, mas ele gritava ainda mais: — Filho de Davi, tem misericórdia de mim!

Jesus parou e disse: — Chamem-no.

E chamaram o cego: — Ânimo! Levante-se! Ele o está chamando.

Lançando sua capa para o lado, de um salto pôs-se em pé e dirigiu-se a Jesus.

— O que você quer que eu faça? — perguntou-lhe Jesus.

O cego respondeu: — Mestre, eu quero ver!

— Vá — disse Jesus —, a sua fé o curou. Imediatamente, ele recuperou a visão e seguiu Jesus pelo caminho.

Bartimeu, ao ouvir falar de Jesus pelas ruas, não só acreditou, teve fé completa no Senhor, teve coragem de procurá-lo e de dizer em voz alta, na frente de todos, que precisava de Jesus.

E foi seu grito de coragem que chegou a Jesus.

Você precisa de uma atenção especial de Jesus hoje? O seu grito, minha irmã, meu irmão, pode clamar por Jesus!

Sua coragem para reconhecer, aceitar, admitir que precisa de Jesus vai fazer a diferença. Faça como Bartimeu, tenha coragem! Perceba que nessa história não foi Jesus que foi até ele, ele foi até Jesus. Você acredita? Tem fé? Não espere mais, tenha coragem!

Pense comigo: não faz sentido você dizer que acredita em Deus se você se enche de medo na oportunidade de dar um salto de coragem, de ir em busca da cura, de fazer uma mudança ousada, de iniciar uma nova trajetória. Dê seu grito de coragem. Jesus vai ouvir.

Oração

Senhor, eu sei que posso ter coragem de mudar. Peço, do fundo do meu coração, que me ajude a entender, a aceitar e a trocar o medo pela coragem. Tenho fé e tenho amor incondicional pelo Senhor. Renova-me, Senhor, pois tudo que há dentro de mim precisa ser mudado hoje, tudo que há dentro do meu coração precisa mais de Ti nesta noite, Senhor. Aliás, todas as coisas da terra e do mundo não são o suficiente para me fazer uma mulher realizada/ um homem realizado, nem a fama, nem o sucesso, nem o poder, nem o dinheiro. Eu preciso da Tua graça na minha vida hoje, Senhor, não me deixe sozinha(o), eu preciso desse milagre em minha vida, eu preciso, Senhor, dessa cura, dessa transformação, porque de hoje em diante eu quero ser uma pessoa transformada. E para aceitar essa transformação, eu preciso de coragem. Senhor, eu te louvo e te agradeço.

Em nome do Pai, do Filho e do Espírito Santo. Amém!

11. Trair é fácil. Mas você aceita sofrer as consequências desse ato?

REFLEXÃO

Muitos de nós não gostamos nem de escutar a palavra "traição". Não é nada boa a experiência de quem viveu uma traição... Mas é preciso que a gente fale sobre isso, para que possamos entender exatamente como dói e como machuca. Você sabe, eu sei o que é ser traído por alguém que amamos: seja um amigo, um grande amor ou por aquela pessoa que você menos esperava que fosse capaz disso. É duro, e não é à toa que a Palavra de Deus nos diz: "Maldito o homem que confia no homem, mais feliz o homem que confia no Senhor". Reflita sobre isso.

Honestamente, só podemos confiar cem por cento em Deus, em Jesus Cristo! Muitos me procuram dizendo isso: "Padre, eu estou arrasada porque o meu marido me traiu", ou "Eu estou arrasado por que a minha mulher me traiu". Ouço repetidas histórias de traição até de filhos. E toda traição tem uma péssima consequência: todas as vezes que você trai a pessoa que você ama ou que confiou em você, saiba que vai pagar muito caro. Tudo tem consequência!

Minha irmã, meu irmão, na traição, você mata o outro e você se mata também. Sobretudo quem trai, perde a sua alma, a sua paz, perde a sua esperança, e perde a sua fé! E é o que muitas vezes está acontecendo na nossa vida, na nossa família, no nosso trabalho — matamos uns aos outros.

Se você não quer ser traída(o), não traia. Amar é muito mais fácil do que você pode imaginar, não é difícil, não. Amar é você desejar para o outro tudo aquilo que você deseja que aconteça com você.

E o que você deseja que aconteça na sua vida? Felicidade, amor, paz, prosperidade... Então, tudo de bom que você deseja que aconteça com você, faça ao outro!

Quem ama não trai, não pode trair. E se você se sente agora triste, angustiada(o), abatida(o), deprimida(o), porque alguma vez na vida você traiu ou foi traída(o), eu tenho uma proposta de Deus para você, nem tudo está perdido. Seja humilde e reconheça sua fraqueza, o seu erro. Vá até a pessoa que você ama e diga para ela: "Me perdoe porque eu amo você. Muito obrigada(o) por você existir e fazer parte da minha vida!".

Nunca se esqueça da Palavra que diz: "Aquele pois que ouve as minhas palavras e as põe em prática é semelhante ao homem prudente, que edificou a sua casa sobre a rocha; caiu a chuva, vieram as enchentes sopraram os ventos, investiram sobre aquela casa e ela, porém, não caiu, porque estava edificada sobre a rocha! Mas aquele que ouve as minhas palavras (como muitos de nós), e não as põe em prática é semelhante a um homem insensato, a uma mulher insensata, que construiu a sua casa sobre a areia; caiu a chuva, vieram as enchentes, os ventos sopraram e investiram contra aquela casa, ela caiu e grande foi a sua ruína".

No meu livro *Não aguento mais* também falo sobre isso e conto sobre Pilatos. Se quiser saber mais, leia entre as páginas 65 e 69.

Quanto ao perdão, você deve estar se perguntando se traição tem perdão. Sim, devo perdoar sempre, como já falei em passagens anteriores, aqui neste livro mesmo. Se eu carregar a mágoa e a dor dentro de mim, vou continuar me ferindo a vida toda, não é justo que eu me maltrate. Porém, perdoar não quer dizer que eu tenha que aceitar ou tolerar algo que me faz mal. Perdoar é extremamente necessário e faz bem para a alma e para o corpo, mas permanecer na mentira da traição, se maltratando, é uma opção sua. Liberte-se para ter uma vida digna.

Oração

No silêncio do teu coração, vá pedindo para Jesus Cristo a graça que você quer receber (feche os olhos e faça um profundo silêncio). Agora, diga para Ele:

Senhor, hoje eu quero quebrar a maldição na minha vida, passo noites sem dormir, preocupada(o) com as traições pelas quais passei e pelas quais fiz outras pessoas passarem.

Senhor, a minha cura é essa, eu preciso ser perdoada(o). Irei procurar (pense no nome da pessoa) e pedir perdão, e não quero mais cometer traição alguma. Me ajuda a ser fiel a esse propósito, vai quebrando, Jesus, tudo o que não presta agora, e no Teu nome poderoso e precioso, eu determino a cura, eu determino o milagre e a libertação, mandando para longe agora todo o mal, pois que a cruz sagrada seja a minha luz, e não seja o dragão o meu guia.

Retira-te, satanás, e nunca me aconselhes coisas vãs, é mal o que tu me ofereces, bebes tu mesmo do teu próprio veneno.

Em nome do Pai, do Filho e do Espírito Santo. Amém!

12. Só se vive bem com dignidade

REFLEXÃO

O que é ser digno? Diz o dicionário que a palavra "digno" significa: "Honesto, que expressa decência; merecedor, que merece admiração; decente, que tem bom caráter; de boa conduta; que demonstra dignidade". Você é digna(o) de receber as bênçãos de Jesus Cristo?

Por tantas vezes eu cruzei com pessoas desiludidas, cansadas... Elas me repetiam que por anos e mais anos tinham feito um pedido para Deus e Ele não as escutava, nada acontecia. Vi gente que havia perdido a fé, perdido a esperança. Perdido a dignidade.

Olhe, todas as vezes que você pedir alguma coisa para Deus e você não recebê-la, louve e agradeça a Ele, porque Deus tem algo muito melhor para te dar. Talvez não seja no seu tempo, talvez não seja na hora que você quer, mas no tempo Dele, Ele vai te conceder não o que você quer, mas o que você PRECISA!

Muitas vezes o que você deseja não é o que realmente necessita, e Deus nos ama tanto que Ele sabe muito bem do que nós precisamos.

Amada irmã, amado irmão, preste bem atenção, que coisa maravilhosa é refletir sobre essa palavra e observar que tantas vezes em nossa vida nós pedimos para Deus uma coisa e Ele nos dá outra. E tenha a certeza de que o que Deus nos dá, nesse momento ou em outro da nossa vida, é sempre o melhor para nós, ainda que possamos não compreender na hora.

No meu livro *Não aguento mais* eu falo também sobre o tempo de Deus e sobre o que você realmente precisa. Talvez você queira isso que está no seu coração agora, mas já parou para pensar se é o tempo de você receber isso? Você já refletiu se tem maturidade o suficiente para poder receber o que está pedindo para Deus?

Escuto tanto: "Padre, eu quero me casar, quero ter filhos, eu quero formar uma família...". Mas será que está na hora do casamento? Será que você não está se precipitando? Não é melhor primeiro estudar, fazer uma faculdade, se formar, ser alguém na vida? Isso vale para a mulher e para o homem refletirem. E depois de tudo isso, quando você já tiver a idade apropriada e com maturidade e experiência de vida, quando você for uma mulher de verdade, responsável, quando você for um homem de verdade, responsável, aí sim; você vai diante do altar do Senhor e abraça esse compromisso que você tem que assumir por toda sua vida.

Diversas vezes me disseram: "Padre, eu já tenho quarenta, cinquenta anos e até agora não consegui casar, até agora não consegui encontrar a tampa da minha panela". Não se preocupe, minha querida, meu querido, isso pode significar que você tem vocação para ser uma frigideira! Uma panela sem tampa. E fique feliz com isso! É melhor você ser uma frigideira sem tampa do que uma panela com uma tampa que não encaixa e que, quando está sob pressão, estoura! Antes só do que mal acompanhada(o).

Outra coisa interessante acontece quando me falam: "Padre, meu coração está doendo porque eu terminei meu namoro". Sim, eu digo, você queria, mas Deus não quis,

Deus está te livrando de uma emboscada, te dando um livramento, tirando você de uma situação que poderia ser prejudicial lá na frente. Entenda isso, comece a olhar as coisas na sua vida também pelo lado positivo, não somente pelo lado negativo.

Deus nos quer dar dignidade! Deus não se preocupa com o material. Deus não quer ninguém caído, de jeito nenhum.

Portanto, confie e reze. Deus vai te dar aquilo que você mais precisa.

Oração

Meu Deus, eu sei que peço muitas coisas — e aceito que o Senhor é quem sabe do que preciso. Portanto, hoje, neste momento a sós com o Senhor, eu me coloco completamente em Tuas mãos. Eu entendo que é o Senhor quem sabe do que preciso agora e venho pedir, humildemente, que me ajude a caminhar, a aceitar e a entender o que preciso para ser uma pessoa melhor. Que eu possa entender e levar ao meu próximo carinho, amor, uma palavra de conforto. Que eu seja um meio para mudar o meu redor para melhor. E, assim, fazer da minha vida próspera, cheia de amor e com muita alegria. Amém!

13. Construir é necessário

Reflexão

*Você está no tempo de construir ou de usufruir?
Às vezes, eu percebo esse descompasso nos nossos
jovens. Até falei rapidamente sobre essa questão no
capítulo sobre obediência e respeito aos pais, mas
vejo tantos jovens atropelando o seu tempo. Meus
caríssimos jovens, agora é tempo de construir.
Há um tempo para cada coisa, diz a Palavra de Deus,
para tudo na vida há um momento debaixo dos céus.
Há o tempo para nascer e o tempo para morrer,
o tempo para plantar e o tempo para colher... Há um
tempo para cada coisa, tempo para namorar, tempo
para casar, para tudo na vida há o momento certo e
é preciso observar o tempo de Deus!*

Eu tenho amigos, colegas, que às vezes me dizem: "Padre, eu ainda não consegui ter nada na minha vida". Geralmente, essas pessoas são jovens, com muita força e capacidade. Então, eu respondo que estamos no tempo de construir e que eles não estão construindo, estão só usufruindo do que foi construído pelos outros... Todo final de semana é balada, festas, viagens, shopping... Claro que é bom se divertir. Mas o que você está fazendo além disso? Está estudando? Trabalha para ter sua independência? Está buscando maneiras de se aprimorar como pessoa? Aprimorar sua fé?

Não queime etapas em sua vida, vá vivendo com muita maturidade, com muita prudência. Do contrário, sabe o que acontece, sobretudo nos relacionamentos? Você se casa e quer viver no tempo de solteira(o), e por quê? Porque atropelou o seu tempo e não viveu o tempo certo de solteira(o). Quantas e quantas vezes acontece isso em nossa vida, você se casa antes da hora, se relaciona no tempo errado e depois quando chega o tempo de viver a vida de casada(o), você quer viver a vida de solteira(o). Você precisa saber qual é o tempo que você tem para construir e qual é o tempo que tem para usufruir.

Você precisa entender o seu tempo, jovem. Aproveite essa fase que seus pais estão te ajudando, apostando em você, te preparando para o futuro, e saia da internet, deixe o celular um pouco de lado e vá à luta, vá tentar ser alguém! São poucas as pessoas que têm essa oportunidade e, se você tem, invista esse tempo em você. Seja consciente e faça valer sua parte. Um dia, você vai usufruir do que você mesma(o) construiu e vai se lembrar disso.

Oração

Deus de misericórdia e de amor, quero seguir um caminho de sabedoria, de amor, de humildade, de acordo com Tuas leis. Quero poder trilhar esse caminho com prudência, com estudos, com fé e com garra. Me ajuda nos obstáculos que sei que encontrarei. Me ajuda a não desistir. Me ampara em sua fé e na coragem. Quero orgulhar o Senhor, meu Pai, antes de tudo.

Em nome do Pai, do Filho e do Espírito Santo. Amém!

14. Às vezes, a dor é necessária

REFLEXÃO

Muitas vezes, passamos por momentos ruins e sentir uma grande dor nessa hora é inevitável. Primeiro, não entendemos nada. Entretanto, lá na frente, percebemos que o que aconteceu nos preparou, fez algum sentido para algo maior que estava por vir? Ninguém quer sofrer, não gostamos de sentir dor — física ou emocional. Mas a vida é isso. Temos obstáculos. Coisas ruins podem acontecer e temos que nos preparar para elas e, com isso, crescemos.

Todos nós, em algum momento, já lemos ou ouvimos a parábola da videira. Mas será que a ouvimos com o coração?

Já refletiu sobre a seriedade dessa advertência que Jesus faz quando diz: "Eu sou a videira verdadeira, e o meu Pai é o agricultor. Todo o ramo que não der fruto em mim, o meu Pai o cortará. Deus, meu Pai, além de cortar o ramo que não dá fruto, podará tudo o que der fruto para que produza mais frutos ainda"?

Jesus continua dizendo: "Um ramo não pode dar fruto por si mesmo, se ele não permanecer na videira".

Assim acontece conosco, não podemos dar frutos doces e saborosos se não permanecemos em Cristo, ouvindo e, principalmente, praticando a Palavra, com atitudes firmes e dando exemplo; o Cristão é exemplo.

Não se produz frutos em solo seco, amargo, os frutos secam, apodrecem. Os que seguem Jesus devem sempre cuidar para serem solos férteis, com sementes boas, para que todos venham nele procurar abrigo e sejam saciados.

Jesus nos explica que o agricultor é Deus pai, a videira é Ele, Jesus, e nós somos os ramos, apenas os ramos, espalhados, esparramados sob o sol e a chuva. Temos aqui uma grave advertência: Se não permanecermos nessa videira, nos alimentando da sua seiva doce, não vamos dar frutos. Ele avisa: "Quem permanecer em mim e Eu nele, esse dará muito fruto", ou seja, Jesus é categórico: "Sem mim nada podeis fazer!".

Sem Jesus Cristo não somos nada, absolutamente nada. Quanto mais alto conseguirmos chegar sem Deus, pior será a queda. Sem Jesus Cristo, nossas vitórias serão vazias e sem sentido, e isso um dia nos fará cair.

Ele é a videira e nós os ramos, e não existe nenhum ramo que dê fruto fora da videira, e se um ramo não produz fruto, deve ser cortado. E cortado se torna seco, brilha apenas à luz do fogo na fogueira que alimenta.

Aquele ramo que dá frutos é podado para que frutifique ainda mais — a poda fortalece, renova a seiva. Há uma grande diferença entre ser cortado e ser podado. Precisamos entender que, apesar de a poda doer, ela é extremamente necessária naquela árvore cheia de galhos frondosos, porque senão seus galhos vão secar com o tempo e ela não dará mais frutos, e então será cortada e descartada.

É exatamente isso que acontece em nossa vida. Precisamos ser podados para nos tornar fortes para enfrentar os problemas. Porque senão, apesar dos bons momentos que estamos vivendo em nossa vida, sem a poda não continuaremos a viver bem, felizes. Aceite, portanto, que algumas "podas" irão acontecer em seu percurso. E cresça com elas. Que seus frutos sejam ainda mais doces!

Oração

Senhor, meu Pai e minha luz, me guia nessa jornada e me ajuda a superar os desafios. Entendo que nem toda caminhada é feita sem as pedras pelo caminho. Mas também as aceito e sei que posso superá-las com Tua luz me guiando. Meu Senhor, coloco nas Tuas mãos o propósito disso tudo, pois só assim crescerei. Com muita fé, amor e com a certeza de que é o melhor para mim, agradeço e peço que me ampares por todo o caminho. Com a graça do Senhor. Amém!

15. A vida é melhor com amigos

Reflexão

Você sabia que pessoas que vivem cercadas de amigos
tendem a sofrer menos de ansiedade e depressão?
E que pessoas que vivem isoladas sofrem mais?
Isso mesmo, todos nós precisamos de amigos.
Você não foi feita(o) para viver sozinha(o),
por isso você deve levar muito a sério as suas amizades
e ser fiel a elas. Vamos pensar um pouco nisso?

Hoje, nós estamos conectados a tudo e a todos, e ao mesmo tempo estamos sozinhos. Por quê? Porque podemos ter mais de 5 mil amigos nas redes sociais, mas na verdade não temos nenhum que nos ajude quando as coisas dão errado. Temos centenas de pessoas nos acompanhando pelas redes, mas não temos ninguém que nos ampare quando estamos abatidos. Eu tenho a certeza de que você deve ter vários amigos que curtem e compartilham o que você posta, mas, muitas vezes, não tem ninguém que te abrace quando você cai. E por que isso acontece? Porque você está se esquecendo de cultivar relacionamentos verdadeiros!

Você tem que se lembrar de que você é gente, que você tem alma! Você precisa ter amigos para sair com eles, viver com eles, dividir tudo com eles. Você não pode ficar somente nas redes sociais, com aqueles que estão do outro lado da tela. Atualmente fala-se tanto em crise, crise financeira, crise política, crise sanitária... Mas muitas vezes nem nos damos conta de que vivemos mais uma séria crise: a afetiva. Escuto muitos desabafos e nunca fomos tão carentes de relacionamentos como hoje. Apesar de tantos meios, de tantos instrumentos para unir as pessoas, nunca vi tanta gente depressiva, nunca fomos tão sozinhos.

Aristóteles já dizia que a amizade é uma alma de dois corpos, e a gente vê muito pouco disso hoje em dia; ele também dizia que amizades verdadeiras são muito mais do que simplesmente amigos nas horas boas. Ele dizia: amigos cuidam uns dos outros. E agora, me diga, onde você passa a maior parte do seu tempo? No WhatsApp, nas redes sociais, no celular, no computador? Um amigo é muito mais do que um conhecido, um amigo é muito mais do que um contatinho, um amigo é alguém que se alegra com a sua alegria e que chora com a sua tristeza. E mais: na tristeza, é ele quem tenta te reerguer. Estamos cansados de saber que nas redes sociais quase ninguém tem problemas. Isso, aparentemente. Quase todo mundo posta o prato de comida mais bonito, aquela viagem legal, uma selfie toda retocada e produzida (ninguém tem espinhas no nariz, não é mesmo?).

Mas e na hora do desespero, do problema? É com os verdadeiros amigos que aprendemos a diferença entre amar e gostar. Amar é querer bem, gostar é querer perto, os amigos são esses, que a gente ama e quer bem.

Jesus um dia chega para os seus discípulos e diz: "Eu não quero chamar vocês de servos, eu quero chamar vocês de amigos, porque o amigo sabe o que vai fazer o outro amigo". Então, eu quero chamar vocês de amigos!

Se você tem um amigo, ligue para ele agora e lhe diga o quanto ele é importante na sua vida!

ORAÇÃO

Jesus, que com seus amigos revolucionou o mundo, eu quero Te agradecer. Agradecer pelo dom da vida. Agradecer pelos amigos, que me ajudam, me acolhem, me protegem e estão ao meu lado. Os verdadeiros amigos — aqueles com quem posso contar para tudo (pense no nome deles agora) — são tesouros em minha vida e peço que os guarde. Que os encha de coisas boas, de fé e de esperança, para que estejam sempre ao meu lado. Quero pedir, meu Senhor, que me ajude a ser uma boa amiga/ um bom amigo. Que, assim como eles, eu possa ser o conforto quando precisarem. Que eu seja alguém com quem eles podem contar.

Em nome do Pai, do Filho e do Espírito Santo. Amém!

16. Aceite o fim

Reflexão

Como já refletimos anteriormente, nem sempre tudo sai como queremos. Claro que temos alguns percalços pelo caminho. Mas uma coisa é certa: Deus não quer que pereçamos, Deus não quer que soframos! Me diga: você anda sentindo que está lutando em vão? Cansada(o), em uma situação que não avança de jeito nenhum? Vamos pensar juntos sobre isso?

Muita gente me diz: "Parece que a minha luta não tem fim, que nada está se resolvendo". Eu devolvo uma provocação: Será que você não está é brincando de lutar, em vez de ir com tudo na raiz do problema e resolvê-lo?

Muitas vezes, o que você precisa é ser radical, aceitar o caminho que precisa ser percorrido, tomar uma decisão, uma posição e pronto! Deus não quer que você sofra, e se alguma situação está te fazendo sofrer por muito tempo, sem qualquer previsão de mudança, alguma coisa está errada. Mas pense bem: Deus não vai mudar a sua vida se você não mudar primeiro, você precisa tomar uma atitude. Deus age, mas Ele espera que você também faça a sua parte!

Não viva na hipocrisia, não continue vivendo uma mentira. Tenha coragem de acabar com essa farsa! Não tem coragem? Por quê? Tem vergonha, porque tem medo e está preocupada(o) com o que vão pensar ou falar de você? Meu irmão, minha irmã, vá ser feliz, a sua felicidade não depende do outro, você tem que ser feliz independentemente do que pensam de você. Você tem o direito de ser feliz, independentemente de quem esteja com você. Deus quer te fazer feliz, quer a prosperidade em todos os âmbitos de sua vida!

Quer um exemplo? Pare de sofrer por um relacionamento que você sabe que não vai dar certo. Não permita mais que sua alegria seja anulada, que sua essência seja perdida. O que ganha insistindo em manter próximo quem não acrescenta, não te alegra, não te respeita, destrói sua autoestima, não está nem aí para os seus sentimentos? Até quando você vai se submeter a isso? Pare de esperar retorno afetivo de quem não te valoriza, não sente sua falta e muito menos se interessa pela sua vida. Quando uma pessoa percebe seu valor, ela se torna forte e impõe respeito. É preciso se livrar do que não te faz bem para receber algo muito melhor e viver a experiência de amar e ser amada(o), e acima de tudo a experiência do respeito. E lembre-se: é preciso curar o coração antes de seguir em frente. Caso contrário, substituir pessoas sem antes curar o coração é apenas trocar o problema.

Oração

Senhor, peço que me liberte. Eu quero ser libertada(o)! Meu Deus, tenho um problema que parece me prender, que não me deixa seguir em frente (pense no problema e o coloque em palavras). Me ajuda, por amor, a me libertar dessa cruz. Sei que isso não vai me levar a lugar algum, que ficarei presa(o) a isso, como um círculo vicioso. Me ajuda a ter forças para sair dessa situação, é o que eu quero e preciso. Tomei minha decisão: preciso me livrar desse problema: (coloque em palavras novamente). Não é o que quero para minha vida. Não mais posso ser atormentada(o) por isso. Me ajuda a seguir meu caminho na fé de que o Senhor sabe o que é melhor para mim. Amém!

17. Está sentindo um vazio terrível?

REFLEXÃO

Pode ser que até hoje, por inúmeros motivos, você não se considere verdadeiramente feliz, plenamente realizada(o). Talvez sinta que ainda está te faltando algo? Pois é, quando nos sentimos assim, muitas vezes vem à mente uma pergunta cruel: "Por que as coisas dão errado comigo?". Ou ainda: "Por que não consigo ser feliz?". Você já se perguntou isso? Chegou a um ponto da vida em que um grande peso atingiu seus ombros? Vamos refletir juntos sobre essas questões.

Esse peso que você sente pode ser um problema familiar, profissional, financeiro, afetivo... Mas também, e isso é o mais curioso, pode não ser nada disso. Muitas vezes, esse peso consiste em uma angústia absoluta, inexplicável, um grande vazio no peito que pede para ser preenchido. Você já viveu essa experiência? Caso tenha vivido ou esteja vivendo hoje, quero te convidar a refletir profundamente sobre esse fato agora.

Pense e procure responder para si mesma(o), com toda a sinceridade: "De onde vem esse vazio que me entristece a alma?", "Por que não consigo ir em frente?", "Por que as coisas dão errado comigo?", "Por que estou tão sozinha(o)?", "Do que preciso para ser feliz?".

Quando sentimos esse vazio, achamos que a felicidade é para poucos, para alguns "sortudos", ricos ou afortunados, mas não! Você está completamente enganada(o), porque a vontade de Deus consiste em que todos os seus filhos, sem exceção, sejam plenamente felizes.

Jesus disse: "Eu vim para que todos tenham vida e a tenham em plenitude". Deus nos criou para a felicidade, e quando somos felizes, realizamos plenamente a vontade Dele para nós.

Talvez você pense que é uma contradição o fato de Deus desejar nossa felicidade e, ao mesmo tempo, permitir que muitas vezes sintamos um "vazio terrível" e passemos por momentos de profunda tristeza. Talvez pense que só você se sente assim.

O fato é que muitas pessoas, depois de conseguirem tudo o que sempre sonharam, continuam infelizes, às vezes até mais do que antes. Acredito que você conheça pessoas assim, ou talvez seja essa sua experiência. Isso só vem comprovar o que eu já comentei no livro *Não aguento mais*: as coisas deste mundo são importantes, mas não são suficientes para nos tornarem felizes por completo.

Não adianta: somente Deus pode preencher o vazio presente no coração humano. Por mais que o mundo moderno diga o contrário, tenha a certeza de que sem Deus não somos ninguém. Pois só o amor Dele pode acalmar nosso coração, e se somos amados, seremos recuperados.

A modernidade é assim, repudia a fé e a religião por achar que o ser humano não precisa de Deus, por achar que a fé limita o homem. É exatamente o contrário, a fé liberta o homem, pois o abre para o infinito. Essa é a mensagem do Evangelho, e juntamente com essa mensagem de felicidade Jesus nos ensinou e pregou a vida eterna, na qual seremos plenamente felizes. No céu não haverá tristeza, nem lágrimas, nem dor e nunca mais sofrimento.

Oração

A exemplo de São Francisco de Assis, que possamos a partir de hoje colocar em prática este trecho de uma das mais belas orações que existem:

> Senhor, fazei que eu procure mais consolar que ser consolado, compreender que ser compreendido, amar que ser amado, pois é dando que se recebe, é perdoando que se é perdoado, e é morrendo que se vive para a vida eterna. Amém!

18. A dor de uma perda

Reflexão

Por diversas vezes, estive com mães e pais que perderam um filho. E eles não aceitavam o fato. A vida virou uma grande dor — tudo ficou em suspenso. É claro que ninguém espera que um filho se vá primeiro. A ordem natural das coisas é a de que uma mãe, um pai, partam antes. Eu não posso imaginar a dor de pais que sofreram essa perda. Mas, se você passou por isso, qual é a sua atitude perante a vida?

Não adianta: a dor da perda de um filho é uma das maiores pelas quais podemos passar. Como padre, recebo inúmeros pedidos de ajuda de pessoas que estão sofrendo desesperadamente por esse motivo. O sofrimento é tanto que, muitas vezes, a mãe chega para mim e diz: "Minha vida não tem mais sentido".

Tudo tem um sentido, por mais duro que seja. Se você ficou e seu filho se foi, é preciso se conformar. É preciso transformar essa dor. A saudade sempre vai existir. Mas o que você pode fazer? Vai querer morrer também, mesmo sem ter cumprido seu tempo, o tempo de Deus, aqui na terra?

Deus sabe da sua dor. E Ele te ajuda a sair dessa. É Nele, na fé, que você precisa se firmar. É através disso que você conseguirá ressignificar essa dor. Sempre digo: não tenha medo de procurar ajuda médica, uma terapia, se não conseguir lidar com a dor. O fato é que a fé é sua grande aliada. Deus é seu pai e sua mãe. E não quer te ver triste. A ideia de uma vida amarga, de dor, não é o que Ele quer para você.

Mesmo com a maior das tragédias — como é a perda de um filho —, Ele está ao seu lado e pode te ajudar, mas você precisa estar pronta(o) para isso.

Pense no que seu filho te trouxe de bom. Você preferia que ele nem tivesse chegado à terra para não sentir essa dor que você carrega agora? Repito: é difícil, é dolorido. Mas essa pessoa que você perdeu fez você ganhar muitas coisas na vida. E esse é o legado que você tem que honrar.

Carregue seu luto, sinta sua saudade. Mas aceite: sua vida não pode parar.

Oração

Deus, meu Senhor, peço hoje por esta pessoa: (pense no nome de alguém que você perdeu). Peço que esteja na luz, em Tua presença, com Teu amor. Eu agradeço o que (repita o nome) me ensinou e dividiu comigo nessa estrada. Entendo que, apesar de toda a dor que sinto, ela(e) não possa estar aqui. Me ajude a superar a dor, mesmo sabendo que a saudade será sempre uma realidade em minha vida. E, mais do que tudo: agradeço por ter tido o privilégio de conviver com (diga o nome) e quero que ela(e) esteja na paz de Cristo. Amém!

19. Cure a sua ferida

REFLEXÃO

De quantos curativos uma ferida precisa para ser curada? Muitos! E quantas feridas temos em nosso coração? Rancor, mágoa, raiva, desprezo... Tudo isso machuca e pode virar algo ainda maior se você não cuidar desses machucados. Já parou para pensar nisso?

Pois bem, toda ferida do coração e da alma pode e vai ser curada se você deixar Jesus entrar na sua vida. Ou, na verdade, deixar que Ele volte para a sua vida! Pare um instante agora, e neste momento pense na situação que te afastou de Jesus.

Converse com Jesus. Conte a Ele o que te causou e o que te causa tantos sentimentos ruins, situações desagradáveis no trabalho, em casa, no seu relacionamento.

Conte a Ele o porquê de ter se afastado Dele... Você precisa, meu irmão, minha irmã, confiar em Jesus, contar com Ele nesses momentos.

Jesus é o nosso melhor amigo! Por que você não entrega a sua vida nas mãos Dele? O que tem sido mais especial, mais importante, ou que mágoa é essa que não deixa que você abra a porta do seu coração para Jesus? Qual é a barreira entre vocês? O seu orgulho, a sua vaidade, o seu medo te levaram para onde?

Reflita em que você está errando em sua vida. Eu sei que não é fácil fazer um exame de consciência, mas nós nunca podemos nos esquecer que Deus nos ama do jeito que nós somos!

Já nos diz o salmista: "É Ele que perdoa as tuas faltas e sara tuas enfermidades, é Ele que cumula de benefícios a tua vida!".

Na nossa vida só deve existir a verdade, temos que buscar a nossa verdade, e ela está em Jesus Cristo.

Não se engane. Não minta para você mesma(o), porque pior do que mentir, é viver na mentira, por isso muita gente não é feliz, porque leva uma vida de farsas. A Palavra nos diz: "Conhecereis a verdade e a verdade vos libertará", e o próprio Jesus nos garante: "Eu sou o caminho, a verdade e a vida. Quem me segue não andará nas trevas, mas terá a luz da vida!".

Até quando, minha irmã, meu irmão, você vai viver desse jeito, batendo a cabeça, arrumando problemas que muitas vezes nem problemas são, foi você que os causou? Não adianta ficar irritada(o), o seu mau humor não modifica a vida, sua tristeza e seu desânimo não edificam ninguém.

Até quando você vai continuar sofrendo? Seja honesta(o) com você, seja sincera(o) com Deus e com os outros, chegou o momento de você experimentar viver com Jesus, chegou o momento de você se reconciliar com Ele.

Provai e vede como o Senhor é bom, e feliz de quem nele encontra seu refúgio.

Oração

Jesus Cristo, meu Senhor, meu amigo, meu protetor. Eu sei que errei e que errarei. Sei que me afastei do Senhor em alguns momentos. Fosse por birra, por preguiça, por desleixo. Mas eu quero recuperar minha fé, sei que meus problemas precisam ser enfrentados e, em vez de me afastar do Senhor, eu quero enfrentá-los com Tua ajuda. Apenas o Senhor pode curar minhas feridas (tire um tempo, agora, para pensar nas feridas que ainda não cicatrizaram e que doem). Me ajuda, meu Senhor, com o curativo para esses machucados da alma. Com todo o amor e toda a fé, sei que o Senhor jamais se afastará de mim. Amém!

20. A culpa é sua

Reflexão

Estamos aqui falando em aceitação. Em aceitação para seguir em frente. E não em aceitar toda a dor e o sofrimento e não mudar nada em sua vida. Jesus nos fala que Ele, como filho de Deus, foi enviado para que todo aquele que Nele crer não pereça. Quem foi que disse que sofrimento deve ser aceito e pronto? Que Deus te criou para ser uma mulher/um homem infeliz? Quem foi que disse que você tem que assumir sua depressão, a sua angústia, o seu sofrimento, as suas dificuldades e pronto?

A Palavra de Deus nos diz o contrário, ela nos diz que: "Com efeito, de tal modo Deus amou o mundo, que lhe deu o seu filho único para que todo que Nele crer, não pereça, mas tenha vida em abundância" (João 3,16).

Quando falo em aceitar, é a aceitação com a coragem de mudar. Não é simplesmente dizer: "Minha vida é um lixo e sempre será assim". NÃO, não é se conformar! Pense: por que você espera resultados diferentes, se faz tudo sempre igual? Estamos cometendo os mesmos erros, e quando se erra uma vez, a culpa é que somos humanos. Quando erramos duas vezes, também se diz que é humano, mas quando se erra três vezes, só pode ser burrice, preguiça… ignorância.

Não há dúvida de que Deus nos criou para sermos felizes, e se hoje não vivemos essa felicidade é culpa minha e tua. Foi você que escolheu o caminho! Pare de culpar a Deus pelos seus pecados, suas escolhas erradas, quando na verdade você quer resultados diferentes, mas continua fazendo tudo igual, você não quer mudar, é mais fácil viver reclamando, lamentando, choramingando…

Se cometemos os mesmos erros, todos os dias fazemos as mesmas coisas, por que esperar resultados diferentes? Isso não vai acontecer nunca! Quer ser feliz? Mude de vida, minha irmã, meu irmão!

Queremos ser mulheres e homens amados de Deus, aceitar verdadeiramente que Jesus Cristo veio e tomou sobre Si todas as nossas dores, todos os nossos sofrimentos, e que na cruz Ele pagou todos os nossos pecados para que nós pudéssemos ter vida, e vida em abundância. Por que isso nos parece tão distante? Por que ouvimos muitas vezes e não prestamos atenção?

É preciso acreditar que Deus não vai mudar a sua vida, se você não mudar primeiro. Então, pare de reclamar colocando a culpa em Jesus Cristo: "Ah! Meu Deus, o que eu fiz para merecer isso?". Ora, o que você continua fazendo para merecer isso, se debatendo, sem uma atitude séria, sem uma mudança...

Você já reparou que sempre se tem a necessidade de dizer que alguém é o culpado, quando na verdade foi você que perdeu a coragem no meio do caminho? Até quando você vai agir assim? Pense em sua história como um livro: é você quem escreve a sua história! E, para escrevê-la, você precisa de trabalho. Precisa de coragem. Precisa de iniciativa. Pense nisso, reflita. E vamos rezar juntos.

Oração

A alegria do Senhor é tua força, tudo posso Naquele que me fortalece! Com Jesus Cristo posso tudo. Não adianta eu ser a(o) profissional mais realizada(o) do mundo, ser a(o) advogada(o) mais competente, a(o) médica(o) mais famosa(o), estar ocupando um alto posto, estar em um alto escalão, ganhar o primeiro lugar, sem Jesus não adianta, porque se não tenho Jesus Cristo, eu não sou nada.

Eu, que cometi os mesmos erros algumas vezes (pense em atos e no que quer mudar), quero me comprometer, meu Jesus, a mudar isso. Preciso de Tua ajuda nesse caminho. Eu aceito que — por muitas vezes — eu não consegui sair de uma situação ruim por comodismo. Por preguiça mesmo. E quero ficar atenta(o) e ter coragem de seguir em frente. Agradeço pelo dom da vida e sei que, com ela e com o Senhor, posso conseguir passar por esses obstáculos. Amém!

21. Cuidado com o desperdício

Reflexão

Há uma passagem na Palavra de Deus muito curiosa: O que Jesus quis dizer com "Não lanceis aos cães as coisas santas, não atireis aos porcos vossas pérolas"? Certamente, Ele está nos dizendo: não desperdice vela boa com defunto ruim. Já ouviu esse ditado popular? Vamos pensar um pouco mais sobre isso?

Pois é, é aqui que te digo: não gaste seu tempo com coisas que não vão te trazer resultados. Quando você buscar algo como, por exemplo, um homem, uma mulher da sua vida, o marido, a esposa, o namorado, a namorada, busque e procure uma pessoa de verdade. Uma pessoa honrada, temente a Deus, que te assuma, te respeite de verdade, que se doe.

Um trabalho? A mesma coisa! Sei que nem sempre é fácil, mas tente trabalhar com algo que te engrandeça, que te faça bem.

É exatamente assim que faz aquele que crê, não se desespera. Confia em Deus... Ele sabe em qual Deus está acreditando. Apesar daquele problema, daquela solução ser tão impossível, parecer tão distante, e os homens em seu caminho serem tão poderosos, ele não se desespera. Aquele que crê vai no caminho certo, ele busca a solução exatamente no endereço e no lugar certos.

O cristão de verdade tem a certeza de que a porta na qual vai bater já está aberta. O pedido que vai fazer a Deus será atendido. A busca que ele está fazendo, com certeza vai encontrar.

Agora, a Palavra de Deus só pode entrar no coração que está aberto.

Quantos de nós estamos com nosso coração fechado? Cheio de dúvidas, de males que o mundo prega! Por isso, não adianta Jesus Cristo querer entrar na sua vida se você não deixar. Se você está totalmente amarrada(o), se está angustiada(o), com o coração empedrado... Olha!

A semente só dá frutos se cair na terra boa. Caso contrário, é desperdício. A Palavra de Deus é como a semente, para dar bons frutos deve ser lançada em terra boa, uma terra adubada, uma terra fofa. Se a semente for jogada numa terra ruim, ela não florescerá de jeito nenhum. Você quer mesmo perder seu tempo, desperdiçar sua vida com algo ou alguém que não vai trazer bons frutos?

Por isso que eu digo sempre: não adianta você perder tempo falando, gritando, anunciando as mesmas coisas, se as pessoas não prestam atenção. Não adianta você reivindicar a mesma coisa se tudo continua igual, se suas atitudes não mudam, se suas palavras não transformam...

A gente reza, fala, canta, vibra, aplaude, mas na primeira dificuldade duvidamos, balançamos e caímos por terra.

Ou você assume o compromisso de verdade, ou não assume nada. Ou você é cristão, ou não é, "ou você é quente, ou você é frio... Os mornos eu vomitarei!", não fazem a diferença, diz a Palavra.

Precisamos tomar decisões sérias em nossa vida. Minha irmã, meu irmão, precisamos fazer a diferença. Não dá para continuar tudo igual, cometendo os mesmos erros. Ou confiamos em Deus, ou aceitamos Ele completamente em nossa vida, ou nos perdemos na estrada...

Oração

Eu quero rezar com você agora: no momento da oração, elevamos aos céus todos os nossos pedidos, levamos tudo para Deus! Todas as nossas tristezas, todas as nossas angústias, todas as nossas preocupações.

Fale com o Senhor agora, Jesus está aí, bem pertinho de você, do seu lado, juntinho com você. Por isso, fale com Jesus, converse com esse seu amigo, abra para Ele seu coração, seja franca(o), sincera(o).

Converse, se preciso, fale alto, diga a Ele sobre seus problemas, suas dificuldades, suas alegrias, seus anseios, seus medos. Agradeça, também, por suas vitórias, suas derrotas, afinal, as derrotas nos trazem conhecimento, experiência... Então, entregue tudo, entregue a Ele sua vida, os seus problemas. Deus te quer feliz! Deus te fez para ser feliz, realizada(o)! Não desperdice sua energia e suas coisas boas, canalize no Senhor. Em sua fé. Em Deus!

O Senhor nos fala de diversas formas, por isso quando buscá-Lo em oração, faça com muita simplicidade e humildade. Eu tenho certeza de uma coisa: o Senhor não cansa de derramar graças sobre nós!

22. O apego faz sofrer

Reflexão

Você é apegada(o) demais a bens materiais?
Tem aquele apego por um filho, um parente,
a ponto de paralisar a vida dele e não deixar
que ele viva sua independência? Já gastou muito
tempo para conseguir alguma coisa que julgava
querer demais e depois que conseguiu veio
um vazio inexplicável? Já se negou a dividir algo
com um irmão quando ele precisou? Já ficou com
tanto apego a um ideal de beleza que acabou
te fazendo mal?

Às vezes, precisamos parar um pouco para refletir e tomar consciência de que vivemos apegados a tudo o que não vem de Deus, que não pertence a Deus.

Tudo passa: a beleza, a idade, tudo se vai muito depressa. E esse apego, muitas vezes, é a razão de várias de nossas enfermidades! A infelicidade é uma das principais causas das doenças que carregamos no corpo e na alma.

Não adianta você se cuidar apenas para ser a(o) mais bonita(o), a(o) mais forte, se você não tem Jesus Cristo no seu coração, na sua vida. Sem Ele, você vai viver um vazio profundo.

É justamente por isso que, muitas vezes, você sofre, fica depressiva(o), angustiada(o), desesperada(o). Porque ainda não entendeu a Palavra que diz: "Buscai primeiro o reino de Deus e a sua justiça e tudo mais vos será acrescentado". Você teima em fazer o caminho inverso, esse caminho que a(o) leva a adoecer, não permitindo que Jesus Cristo entre em sua vida.

É Ele que fará toda a diferença em sua história! Cuide para que o verdadeiro olhar que você precisa ter seja o olhar de Jesus sobre a sua vida! Tome consciência de que Ele quer fazer de você um ser humano diferente, que quer continuar realizando em você as maravilhas que sempre realizou, mas que você ainda não percebeu.

Jesus sempre vai fazer o que você não pode fazer, o que você não consegue, mas Ele espera que você faça aquilo que pode! Ele espera que você faça a sua parte.

Se você não der o primeiro passo e não permitir que mudanças ocorram na sua vida, você será seu próprio obstáculo. Enfrente o seu maior adversário: você mesma(o)!

Ficamos presos em nossa dor, procuramos outros lugares e até outras pessoas que não têm nada a ver com Jesus porque suas palavras são mais fáceis e agradáveis de ouvir. Entretanto, se você experimentar Jesus Cristo, a felicidade estará apenas começando.

Jesus Cristo quer que você seja feliz. Ele veio para que todos tenham vida e a tenham em plenitude. Tenha fé, tenha confiança!

Aquilo que é impossível para o homem é possível para Deus, e Ele preparou para você uma vida abundante, cheia de amor, repleta de esperança, uma vida que somente um pai que ama muito deseja fielmente para seu filho.

Você já fez esta pergunta: "O que de fato é meu, pertence a mim?".

Cometemos um grande engano pensando que somos donos da nossa vida, das nossas coisas, quando, na verdade, tudo pertence a Deus, e não somos donos de absolutamente nada.

Dizemos, muitas vezes: "Isso é meu, esse é meu filho, minha casa, meu carro, minha família!". Isso tudo é passageiro!

A solução de Jesus é sempre a melhor: é o amor. Não é um bem material. Não é o corpo malhado da academia ou o botox para deixar o rosto esticadinho. Veja bem: enquanto somos de carne, estamos na terra, temos, sim, que cuidar da saúde, de nosso corpo, afinal, ele nos serve nesta existência. Mas o que é cuidado e o que é vaidade pura? Você não vai levar nada disso quando partir daqui. Tenha fé, tenha Deus no coração e se conecte ao que verdadeiramente importa.

Oração

Senhor, nosso Deus maravilhoso e eterno Pai, dignai-vos a abençoar essa(e) vossa(o) filha(o), livrando-a(o) e protegendo-a(o) de todo mal, de todo perigo e de toda doença do corpo e da alma. Ajudai, Senhor, que eu entenda o que é real e o que é ilusão. Ajudai, Senhor, que eu me mantenha no caminho correto, sem me deslumbrar com o mundano, sem viver apenas pelo material. Eu creio e posso viver em Vosso caminho.

Em nome do Pai, do Filho e do Espírito Santo. Amém!

23. A queda

Reflexão

Eu costumo dizer uma frase da qual gosto muito: "É na queda que a água ganha força e faz a energia". Já pensou nisso? A queda não é fácil. Machuca, pode deixar marcas para a vida toda. Mas ela nos faz crescer. Vamos usar um ato simples de nossa vida: quantos de nós não queríamos muito ganhar uma bicicleta quando éramos crianças? E quando fomos aprender a andar nela, sem aquelas rodinhas de apoio, quantos tombos tomamos? Mas aprendemos. A vida é isso. Vendo por esse lado, eu te pergunto: se na primeira queda você desiste, o que acontece com sua vida?

Se logo na primeira queda desistimos, nada acontece em nossa vida. Ela fica parada. É natural que a gente tenha medo de cair, mas o medo paralisa e faz com que a gente desista por qualquer coisa. Quando você enfrenta uma situação difícil, é preciso acreditar em Deus e acreditar em você mesma(o)!

Na vida com Jesus Cristo, a gente sempre ganha! Não existe derrota com Ele! A vitória está com Jesus. Sem Ele, você não é nada! Sem Deus, por mais alto que você possa estar, um dia você vai cair, vai ser destruída(o). E reconstruir é muito mais difícil que construir.

E, ainda: se você cair, mas tiver Jesus Cristo em seu coração, Ele diz: "Eis que faço novas todas as coisas". Ah, e lembre-se: Deus tem um bilhão de graças para você e um bilhão das graças de Deus multiplicado por um grãozinho de sua fé é igual a um bilhão de graças na sua vida.

É na certeza de que Jesus Cristo jamais vai te decepcionar que eu insisto na pergunta que te faço sempre: O que você quer pedir a Jesus Cristo hoje?

Oração

Senhor Jesus, eu sei que estás aqui comigo, do meu lado, que caminhas comigo, que diriges os meus passos, que estás esperando o momento certo em que eu abra definitivamente o meu coração e deixe o Senhor agir poderosamente na minha vida, na minha história, em todo o meu ser!

Eu quero, eu aceito, eu permito, eu clamo pelo Teu nome, pedindo: recebe a minha vida, o meu coração, a minha família, a minha história, o meu emprego.

Toma posse e age, transforma, salva, cura, liberta. Eu quero ser curada(o), Senhor, eu quero ser liberta(o), eu quero ser transformada(o), renovada(o). Tu sabes tudo, Senhor! Tu sabes tudo de mim, vai até o mais profundo de meu ser e cura, cura essa ferida, arranca todo o mal, toda a angústia, toda a tristeza que está em mim!

Te peço também, Senhor, por todas as pessoas que eu amo. Senhor Jesus Cristo, olha por todos pelos quais intercedo, eles pedem a cura do corpo e da alma, livra-os, Senhor, e os protege de todo o mal, de todas as ciladas do inimigo, de toda a maldade, de toda a maldição, de todos os perigos!

Visita a cada irmão, meu Jesus. Dá paz a cada um deles, restaura a alegria de viver, para a sua honra e glória! Deus está comigo! Tudo posso naquele que me fortalece!

Deus está comigo todos os instantes, realizando uma obra nova, todos os dias na minha vida! Por isso, obrigada(o), Senhor, e abençoa estes Teus filhos e filhas, hoje e sempre.

Em nome do Pai, do Filho e do Espírito Santo. Amém!

24. Aceite sua responsabilidade

Reflexão

Hoje eu quero falar com você, que tem o costume de querer fazer tudo ao mesmo tempo, de achar que é a(o) dona(o) do mundo, que assume compromissos, mesmo que não dê conta de corresponder a todos. Se não dá conta de corresponder, não assuma! E essa regra vale para a vida. Vamos falar um pouco sobre isso?

Em outras palavras, eu quero dizer para você o seguinte: seja responsável. Aceite sua responsabilidade. Tenha palavra. Isso vale para o casamento, como também para a Igreja, para a família, para o emprego, para a faculdade, para a escola, para tudo na vida. Nós precisamos tomar consciência de que, para qualquer situação em que assumimos um compromisso em nossa vida, é preciso assumir também as responsabilidades, as consequências que vêm com aquilo que nos propomos a assumir.

Já tratamos sobre isso, mas quero me aprofundar: se você escolheu o casamento, seja uma boa esposa, um bom marido, honre o compromisso que você fez diante de Deus e da Igreja, um compromisso que você prometeu a si mesma(o). Se escolheu ser padre, como eu, seja um bom padre, assuma os compromissos do ministério sacerdotal.

O que está acontecendo hoje com a nossa vida, com o nosso mundo, é que não estamos cumprindo com as responsabilidades e com os compromissos que assumimos.

E quando falo em responsabilidade, temos responsabilidade sobre nossos atos. Por exemplo, a gravidez de uma jovem, uma gravidez chamada de "indesejada". É a consequência de um ato, cometido por duas pessoas. E temos que ser responsáveis com o que fazemos. E aceitar. É claro que no mundo ideal, uma família estruturada é que deveria receber uma criança. Um filho exige muita estrutura, claro. Mas ficou grávida e vai fazer o quê? Assuma. Aceite. E não digo isso só para a mãe, não! Pois é fácil para o homem fazer o filho, aproveitar o momento bom e depois sumir. Para você, meu amigo, eu digo a mesma coisa: encare sua obrigação e também seja responsável por criar essa criança.

Em nossa vida, quando vem a primeira atribulação, quando vem o primeiro sofrimento, quando vem a primeira dificuldade, muitas vezes a gente cai fora. Lembre-se de que percalços acontecem na vida dos casados, dos solteiros, do padre, da freira, da avó, da criança... Todos nós temos problemas. Se fosse assim, todo mundo deixava de lado as responsabilidades da vida, não é?

Quantas vezes temos essa impressão de que Jesus está dormindo e que não está ligando para nós? Quantas vezes vamos à igreja com esse sentimento, de alguém que está pedindo: Deus, me ajuda, Jesus me socorre, me acolhe, eu estou desesperada(o) com essa doença, ou até mesmo com esse casamento, com essa esposa, com esse marido, com esse filho, enfim... Mas Jesus age na hora certa, no momento certo, no lugar certo, com a pessoa certa!

O que precisamos é aceitar. Aceitar Jesus, aceitar o tempo Dele.

Oração

Eu creio. Eu aceito Jesus em minha vida. E ter Jesus Cristo presente na embarcação da vida não significa ausência de sofrimentos, não significa ausência de atribulações, mas significa que se Jesus está no barco, em qualquer circunstância, podem vir as tempestades, podem vir os ventos, pode vir a chuva, podem vir as atribulações: este barco pode até balançar, mas ele não afunda, porque Jesus está dentro. Onde Jesus está, ninguém afunda.

Em nome do Pai, do Filho e do Espírito Santo. Amém!

25. Jesus apareceu

Reflexão

Imagine que você está em casa, na rua, no trabalho. Onde quiser. E Jesus Cristo aparece bem na sua frente. O que você diria a Ele? Você teria algo bom para contar? Pelo que você agradeceria? Você sentiria orgulho? Talvez vergonha?

O Evangelho de João traz uma passagem muito conhecida e muito profunda: a da mulher samaritana. Ela teve uma manhã perdida, ela estava cansada, ao meio-dia ela sentiu sede e foi beber água em um poço profundo, pois não aguentava mais a sua vida. E no meio de todo esse cansaço Jesus encontra-se com ela.

Jesus escutou aquela mulher. Ela se confessou com Jesus. Ela reconheceu seus pecados, seus erros. Por fim, Ele lhe pediu: "Vai chamar seu marido". Ela respondeu: "Eu não tenho marido. Já tive cinco". E Jesus responde: "É verdade! Tivestes cinco maridos e o que tens agora não é teu".

É muito interessante porque o número na Bíblia tem um significado belíssimo. Por exemplo, o número 7 significa a perfeição. Veja, Jesus disse: "Tivestes cinco maridos, o sexto não é teu".

Ou seja, tudo na vida daquela mulher estava imperfeito. E incompleto. Quantas mulheres como aquela samaritana estão vivendo até hoje, uma manhã, uma noite, um dia que não deu certo? Um mês que deu errado, um ano em que nada aconteceu... O perfeito chegou, o sétimo: que é Jesus! Na vida, meu irmão, minha irmã, enquanto Jesus não chega, tudo será imperfeito...

Preste bem atenção: Jesus transformou a manhã de tristeza daquela mulher em uma tarde de alegria. E Ele quer fazer o mesmo com você, com sua vida. Tenha certeza: Jesus esquece todo o nosso passado, Jesus esquece o teu passado! Jesus não aponta erros do passado, Ele ama e só!

Não se esqueça das tantas vezes que Jesus perdoou:
- Para o bom ladrão na cruz, Ele prometeu: "Hoje mesmo, tu estarás comigo no paraíso".
- Para a pecadora que lavou os seus pés, Ele declarou: "Teus pecados estão perdoados. Vai e não peques mais!".
- Quando Pedro perguntou quantas vezes devemos perdoar, Ele respondeu: "Setenta vezes sete", que quer dizer perdoar sempre!

Lembre-se, nos diz o Salmo: "É Ele que perdoa as nossas faltas e cura as nossas enfermidades".

O perdão é a chave para a cura! Você, que está cansada(o), que já perdeu tempo demais na sua vida, que está com sede de uma vida nova... É hora de mudar! O encontro com Jesus Cristo gera mudanças...

Saiba que: se a manhã da sua vida foi uma derrota, a tarde com Jesus será vitoriosa!

Jesus tem um encontro marcado com você. Não espere. Tenha fé. Saiba que Jesus está com você onde estiver. É hoje! Da mesma maneira que Ele se encontrou com a mulher samaritana, Ele vai ao seu encontro. Agora!

Oração

Proponho aqui algo um pouco diferente das orações anteriores: vamos rezar o Salmo 103!

> Bendiga ao Senhor a minha alma! Bendiga ao Senhor todo o meu ser!
> Bendiga ao Senhor a minha alma! Não esqueça de nenhuma de suas bênçãos!
> É Ele que perdoa todos os seus pecados e cura todas as suas doenças, que resgata a sua vida da sepultura e o coroa de bondade e compaixão, que enche de bens a sua existência, de modo que a sua juventude se renova como a águia.
> O Senhor faz justiça e defende a causa dos oprimidos.
> Ele manifestou os seus caminhos a Moisés, os seus feitos aos israelitas.
> O Senhor é compassivo e misericordioso, mui paciente e cheio de amor.
> Não acusa sem cessar nem fica ressentido para sempre; não nos trata conforme os nossos pecados nem nos retribui conforme as nossas iniquidades.
> Pois como os céus se elevam acima da terra, assim é grande o seu amor para com os que o temem; e como o Oriente está longe do Ocidente, assim Ele afasta para longe de nós as nossas transgressões.

Como um pai tem compaixão de seus filhos, assim o Senhor tem compaixão dos que o temem; pois Ele sabe do que somos formados; lembra-se de que somos pó.

A vida do homem é semelhante à relva; ele floresce como a flor do campo, que se vai quando sopra o vento e nem se sabe mais o lugar que ocupava.

Mas o amor leal do Senhor, o seu amor eterno está com os que o temem, e a sua justiça com os filhos dos seus filhos, com os que guardam a sua aliança e se lembram de obedecer aos seus preceitos.

O Senhor estabeleceu o seu trono nos céus, e como rei domina sobre tudo o que existe.

Bendigam ao Senhor, vocês, seus anjos poderosos, que obedecem à sua palavra.

Bendigam ao Senhor, todos os seus exércitos, vocês, seus servos, que cumprem a sua vontade.

Bendigam ao Senhor, todas as suas obras em todos os lugares do seu domínio. Bendiga ao Senhor a minha alma!

26. O medo atrapalha

REFLEXÃO

Jesus sempre fala conosco na forma de parábolas. São histórias que ele deixou e que, à primeira vista, podem parecer que nada têm a ver conosco, com o que estamos passando. Mas estamos enganados: a resposta para muitos de nossos questionamentos está nas palavras de Jesus. Hoje, por exemplo, eu quero contar para você a história em que Jesus fala sobre o que fazemos com o que recebemos.

A história que vamos ver é a parábola dos talentos. Começa assim:

Um rei emprestou dinheiro para seus empregados. Ele distribuiu cinco para um, dois para outro e para o terceiro, apenas um. Quando ele voltou do seu reinado, ele quis saber o que cada um tinha feito com a sua parte. O primeiro, que recebeu cinco, chegou e disse:

— Está aqui, senhor, os seus cinco e mais cinco que eu fiz. Foi multiplicado.

O rei lhe disse:

— Muito bem, servo corajoso, servo bom, servo fiel, por conta disso, você vai ganhar mais.

Então, vem o segundo e fala:

— Está aqui, senhor, os teus dois e mais dois que eu fiz multiplicar.

E o rei, por isso, também disse a ele:

— Muito bom, servo bom e fiel, por conta disso, vou te dar mais.

E quando chega o terceiro, com muito medo, diz ao rei:

— Senhor, eu tive medo de perder até este e por causa do meu medo eu não fiz dobrar, eu não multipliquei, devolvo o que me destes.

O medo, meu irmão, minha irmã, é o único sentimento que atrapalha a vida e a felicidade do ser humano. Tudo o que não deu certo na sua vida até hoje, não deu sabe por quê? Porque você teve medo. Já parou para pensar nisso?

Do que você tem medo?

Da morte? Isso te paralisa? Todos vamos morrer (já falamos disso aqui mesmo).

Da velhice? Do passar dos anos? Não adianta nada ficar se esticando, ter cara de gatinha ou de gatinho para ficar bonita(o) no caixão se você não fizer nada de bom para o próximo. O passar dos anos é experiência. O passar dos anos é uma escola. Se não servir para nos melhorar, para nos deixar melhores, vai servir para quê? Não tenha medo de se lançar nas mãos de Deus!

A autoaceitação — ou seja, você mesma(o) se aceitar — é um dos maiores passos para a conexão com o melhor de você. Fazer as pazes consigo, com o que não gosta em você, é o primeiro passo para mudar de vida. Para perder o medo.

Você precisa dizer com toda a sua fé: Deus, eu acredito no Senhor, eu confio no Senhor, então eu me lanço, faça o que o Senhor quiser, seja feita a sua vontade na minha vida! E, minha irmã, meu irmão, Deus faz!

São poucos os que têm a coragem de dar o primeiro passo. São poucos os que verdadeiramente confiam e dizem para si mesmos: Eu vou dar o primeiro passo, e eu vou conseguir! "Não tenhais medo", nos diz Jesus, "eu estou contigo até o fim". Sabe o que acontece com quem é corajoso? Faz multiplicar, faz dobrar o que recebe! É isso que Jesus quer nos dizer nessa história dos talentos. Aquele que é corajoso avança sempre mais e mais, mais e mais...

Na nossa vida, é preciso ter esperança, é preciso acreditar nesse Deus e colocar a sua confiança Nele sem medo e com coragem! Se você tiver meu livro *Não aguento mais*, leia o capítulo "Do que você tem medo?", que começa na página 30. E depois volte para que a gente possa rezar.

Só tem medo quem não tem fé, só tem medo quem não tem Deus!

Oração

Jesus, meu Senhor, peço com toda a fé que não deixe o medo me paralisar. Que não permita que eu me mantenha amarrada(o), sem coragem. Quero, através da confiança no Senhor, alçar bons voos, ter prosperidade, e quero poder, também, ajudar meu próximo. Tenho o Senhor, tenho fé e esperança. Eu posso e o Senhor me fortalecerá.

Em nome do Pai, do Filho e do Espírito Santo. Amém!

27. Fé é viver com Deus em plenitude

Reflexão

Neste livro, estamos falando muito em aceitação. Mas o que é ter fé se não aceitar absolutamente Deus em nossa vida? É ter absoluta certeza de que Ele está conosco. A fé é fundamental em nossa procura pela felicidade, porque nos possibilita estabelecer uma relação com Deus. Por isso eu digo que a verdadeira fé não é uma simples ideia da existência de Deus, e sim um relacionamento pessoal com Ele. Uma aceitação, completa e honesta, de que Ele é meu pai e meu salvador.

Para muitas pessoas, Deus pode parecer distante. E digo que isso é um erro. Deus é o mais próximo, é o mais íntimo. Por isso, quero te convidar agora, antes de tudo, a estabelecer um relacionamento de intimidade com Deus, decida fazer isso desde já, não deixe para depois o que você pode mudar agora.

Acredite, ninguém que tenha tido uma experiência real e profunda com Deus é infeliz! Tenha certeza disso: à medida que você se abrir para essa experiência, crescerá na fé e poderá alcançar a tão desejada felicidade. Por isso, eu repito: na fé, o homem consegue perceber qual é o sentido último da sua vida.

Pense um pouco comigo, vou te fazer umas perguntas e quero que você vá me respondendo mentalmente:

- Quem, ou o que é Deus para mim? Uma ideia, uma coisa ou uma pessoa?
- De onde eu vim? Para onde eu vou?
- Por que estou aqui?
- Será que tenho um relacionamento pessoal com Ele?

Respondendo a essas perguntas, você se sentiu próxima(o) ou distante de Deus? Veja que pode estar aí a razão pela qual você ainda não é totalmente feliz, e mais, a felicidade depende das escolhas que fazemos na vida, escolha estar sempre com Deus, pois todo ser humano está em busca da felicidade e só vai encontrá-la em Deus.

Ter fé é enxergar principalmente quando tudo estiver turvo, quando as águas estão agitadas. Ter fé é continuar confiando mesmo quando tudo está confuso e nebuloso, embora não seja fácil.

Oração

Deus, todo-poderoso, eu creio. Eu creio no Senhor. Mais do que isso, eu O amo e O aceito em minha vida. Eu sei que sem o Senhor eu não sou nada. Admito que já me perdi, já errei. Admito que pequei. Eu peço perdão por meus erros, mas eu quero ser feliz. Eu quero estar ao Teu lado. Eu quero caminhar com toda a fé do mundo, na certeza de que o Senhor me faz uma pessoa melhor. Com fé, eu rezo:

> Pai Nosso que estais no céu,
> santificado seja o Vosso Nome,
> venha a nós o Vosso Reino,
> seja feita a Vossa vontade
> assim na terra como no céu.
> O pão nosso de cada dia nos dai hoje,
> perdoai-nos as nossas ofensas,
> assim como nós perdoamos
> a quem nos tem ofendido,
> e não nos deixeis cair em tentação,
> mas livrai-nos do Mal.
> Amém!

28. "Tadinho" de quem?

Reflexão

Qual é a postura que você carrega em sua vida?
Já se percebeu no papel de "coitada(o)"?
Sabe o que é autopiedade? É ter pena de você mesma(o). Já se percebeu nesse papel?
Está se fazendo de coitadinha(o) agora?
Pois saiba que, dessa maneira, você está acabando com sua vida!

Para Jesus não existe tadinho nem tadinha, com Jesus não existe dó! Com Jesus existe compaixão. Sabe o que é compaixão? Está no dicionário: "Sentimento de pesar, de tristeza causado pela tragédia alheia e que desperta a vontade de ajudar, de confortar quem dela padece".

Existe em Jesus o sentimento de misericórdia, o que é muito diferente de dó. Jesus sente a dor do outro. A compaixão é sentir o que o outro está sentindo, não é você passar pela esquina e ver o mendigo, jogado lá no chão, caído, machucado e dizer: "Ai, coitadinho, que dó", e depois vai embora e não faz nada por ele, não adianta nada. Jesus pegaria no colo e levaria para casa, coisa que a gente não faz!

Às vezes, eu tenho a impressão de que Jesus deixa a nossa cabeça confusa, por quê? Porque Ele não pensa como nós, e nós não pensamos como Ele! E graças a Deus, que bom que Jesus não pensa como nós, e que pena, que tristeza, que infelizmente nós não pensamos como Ele, por isso que muitas vezes o Evangelho não é compreendido.

Por isso que muitas vezes você não consegue entender a real da mensagem do Evangelho, sabe por quê? Porque você não quer entender do jeito de Deus, você só quer entender, só aceita entender do seu jeito, e do seu jeito não é do jeito de Deus.

Por isso que muitas vezes você cai na tristeza, na depressão, se isola, porque infelizmente você só quer, só serve, se for do seu jeito! Então, minha querida, meu querido, todas as vezes que você quiser entender as coisas de Deus do seu jeito, eu tenho para você uma péssima notícia: você vai se decepcionar. Deus é amor, Deus é misericórdia, o que você não faz.

A palavra do homem diz o seguinte: se eu levar um tapa na cara, eu tenho que dar dois de volta. Deus chega e diz: "Não! Se alguém te der um tapa na face direita, ofereça a face esquerda!". O homem diz que você tem que vingar pelo mal que te fizeram; Jesus diz que você tem que perdoar! O homem diz que você tem que estar longe dos inimigos, e Jesus diz que você tem que amar o inimigo!

Então, se você refletir sobre se quer mesmo seguir Jesus, se você decidir por isso, saiba que Ele pensa diferente, que Ele age diferente! E a diferença de Jesus para você é que Jesus ama! Você está pronta(o) para aceitar o amor de Jesus?

Oração

Proponho, agora, que possa ler o Salmo 5:

> Escuta, Senhor, as minhas palavras, considera o meu gemer.
> Atenta para o meu grito de socorro, meu Rei e meu Deus, pois é a Ti que imploro.
> De manhã ouves, Senhor, o meu clamor; de manhã Te apresento a minha oração e aguardo com esperança.
> Tu não és um Deus que tenha prazer na injustiça; contigo o mal não pode habitar.
> Os arrogantes não são aceitos na Tua presença; odeias todos os que praticam o mal.
> Destróis os mentirosos; os assassinos e os traiçoeiros o Senhor detesta.
> Eu, porém, pelo Teu grande amor, entrarei em Tua casa; com temor me inclinarei para o Teu santo templo.
> Conduze-me, Senhor, na Tua justiça, por causa dos meus inimigos; aplaina o Teu caminho diante de mim.
> Nos lábios deles não há palavra confiável; suas mentes só tramam destruição. Suas gargantas são um túmulo aberto; com suas línguas enganam sutilmente.
> Condena-os, ó Deus! Caiam eles por suas próprias maquinações. Expulsa-os por causa dos seus muitos crimes, pois se rebelaram contra Ti.
> Alegrem-se, porém, todos os que se refugiam em Ti; cantem sempre de alegria! Estende sobre eles a Tua proteção. Em Ti exultem os que amam o Teu nome.
> Pois Tu, Senhor, abençoas o justo; o Teu favor o protege como um escudo.

29. Aceite o que seu coração te diz

Reflexão

Estamos chegando ao final de nossa jornada neste livro e quero propor uma questão agora: como é que está teu coração hoje? Curve a tua cabeça um minutinho e fecha os teus olhos: como está a tua vida hoje?

Faça uma breve introspecção e comece a indagar um pouquinho sobre a sua vida pessoal, sobre você mesma(o); esqueça do outro, não se preocupe com o que vão pensar de você. Deus tudo sabe. Deus quer o seu bem.

Agora, de todo o coração, pense: O que eu preciso aceitar para mudar a minha vida? O que não está dando certo?

Aceite o que seu coração tem de bom a lhe dizer: O que está dando certo? O que me fez bem? No que eu acredito que venci na vida?

Eu sei, eu entendo: temos a tendência de ficar pensando apenas naquilo que nos fere, naquilo que julgamos incompleto. E muitas vezes esquecemos de agradecer todas as coisas boas que recebemos.

Oração

Uma das melhores maneiras de agradecermos a Deus é sendo caridosos. É enxergando o próximo. É se colocando na dor do outro. E ajudando. Proponho aqui a leitura do Salmo 111, como forma de louvor e de oração.

>Louvai ao SENHOR. Louvarei ao SENHOR de todo o meu coração, na assembleia dos justos e na congregação.
>Grandes são as obras do Senhor, procuradas por todos os que nelas tomam prazer.
>A sua obra tem glória e majestade, e a sua justiça permanece para sempre.
>Fez com que as suas maravilhas fossem lembradas; piedoso e misericordioso é o Senhor.
>Deu mantimento aos que o temem; lembrar-se-á sempre da sua aliança.
>Anunciou ao seu povo o poder das suas obras, para lhe dar a herança dos gentios.
>As obras das suas mãos são verdade e juízo, seguros todos os seus mandamentos.
>Permanecem firmes para todo o sempre; e são feitos em verdade e retidão.
>Redenção enviou ao seu povo; ordenou a sua aliança para sempre; santo e venerável é o seu nome.
>O temor do Senhor é o princípio da sabedoria; bom entendimento têm todos os que cumprem os seus mandamentos; o seu louvor permanece para sempre.

30. Reflexão final

Não adianta, enquanto não aceitarmos Deus na nossa vida, não seremos plenamente realizados. Repeti isso algumas vezes ao longo destas páginas, eu sei. Mas é a mais pura verdade. Nós viemos de Deus e para Deus devemos voltar. Santo Agostinho diz: "Nos fizeste para vós e o nosso coração não descansa enquanto não repousar em vós"!

Tantas vezes, nós, como seres humanos, passíveis de falhas, questionamos. Questionamos ensinamentos, questionamos obstáculos, questionamos Deus. Muitas vezes, e isso não é vergonha, chegamos a ponto de desistir. Mas o que eu quero deixar claro para você, minha irmã, meu irmão, é que desistir não é a solução. A solução é aceitar Deus. Aceitar Jesus. Aceitar que Eles querem algo grandioso para sua vida. Mas para isso, você precisa estar aberta(o).

Claro que os desafios da vida são difíceis, mas, por não tentarmos superá-los, nós perdemos momentos únicos da vida, porque choramos em vez de sorrir. Por isso, minha irmã, meu irmão, é preciso lutar e sempre há tempo para recomeçar. Recomeçar é dar-se uma nova chance e acreditar em si mesma(o), e nunca se esquecer de que é preciso confiar em Deus.

Hoje, eu sirvo a Deus e anuncio o Evangelho por ter conhecido Jesus Cristo para valer, por ter sido tomado por uma alegria imensa que se transformou na felicidade da minha vida. E tudo fez sentido.

Quantas vezes não passamos por momentos complicados e temos que aceitar uma nova rota na vida para depois, lá na frente, a gente analisar a situação e pensar: foi a melhor coisa que podia ter me acontecido.

E tudo posso naquele que me fortalece! Eu quero citar, novamente, Santo Agostinho: "Se você deseja, de certa forma já possui!". Olha que forte isso! Se pensar pequeno, alcançará coisas pequenas; mas se pensar grande, alcançará coisas grandes! Portanto, te convido neste dia, minha irmã e meu irmão, a romper com tudo o que te prende, que deixa em você um imenso vazio interior. Abra seu coração para Deus, para Jesus. Aceite que alguns obstáculos existirão. Mas tenha em mente que você pode. Você é filha(o) Dele. E Ele jamais te desampara.

Oração

Para terminar, quero propor algo diferente: em vez de uma oração guiada, quero te deixar livre. Livre para falar com Deus da maneira que seu coração mandar. O que você quer para sua vida? Como quer que Deus te guie nesse caminho? No que pretende caminhar com sua fé? Deixo um espaço aqui, algumas linhas, para que você escreva sua própria oração. Para que você escreva um trecho de sua vida. Lembra quando falei que sua vida poderia ser como um livro e que teria que escrevê-lo? Pois bem: não se acanhe e escreva o que você aceita começar (ou recomeçar) agora. Amém.

_____

_____

_____

_____

_____

_____

_____

_____

_____

Agradecimentos

Agradeço primeiramente — e sempre — a Deus e a Nossa Senhora. A Jesus Cristo e aos santos que estão sempre comigo; a Igreja, a minha família e os meus amigos; as minhas queridas e fiéis velhinhas; a você, que me acompanha e que leu este livro. Espero ter feito a diferença em sua vida.
Amém!

Este livro, composto na fonte Fairfield,
foi impresso em pólen soft 70 g/m² na AR Fernandez,
São Paulo, novembro de 2021.